주니어미디어오늘

리터러시,
나쁜 뉴스 해독제

차례

미디어로 말하기

미디어로 토론하기

뉴스야 놀자

가짜뉴스 세계사

퀴즈로 정리하는 주니어미오 총정리 복습

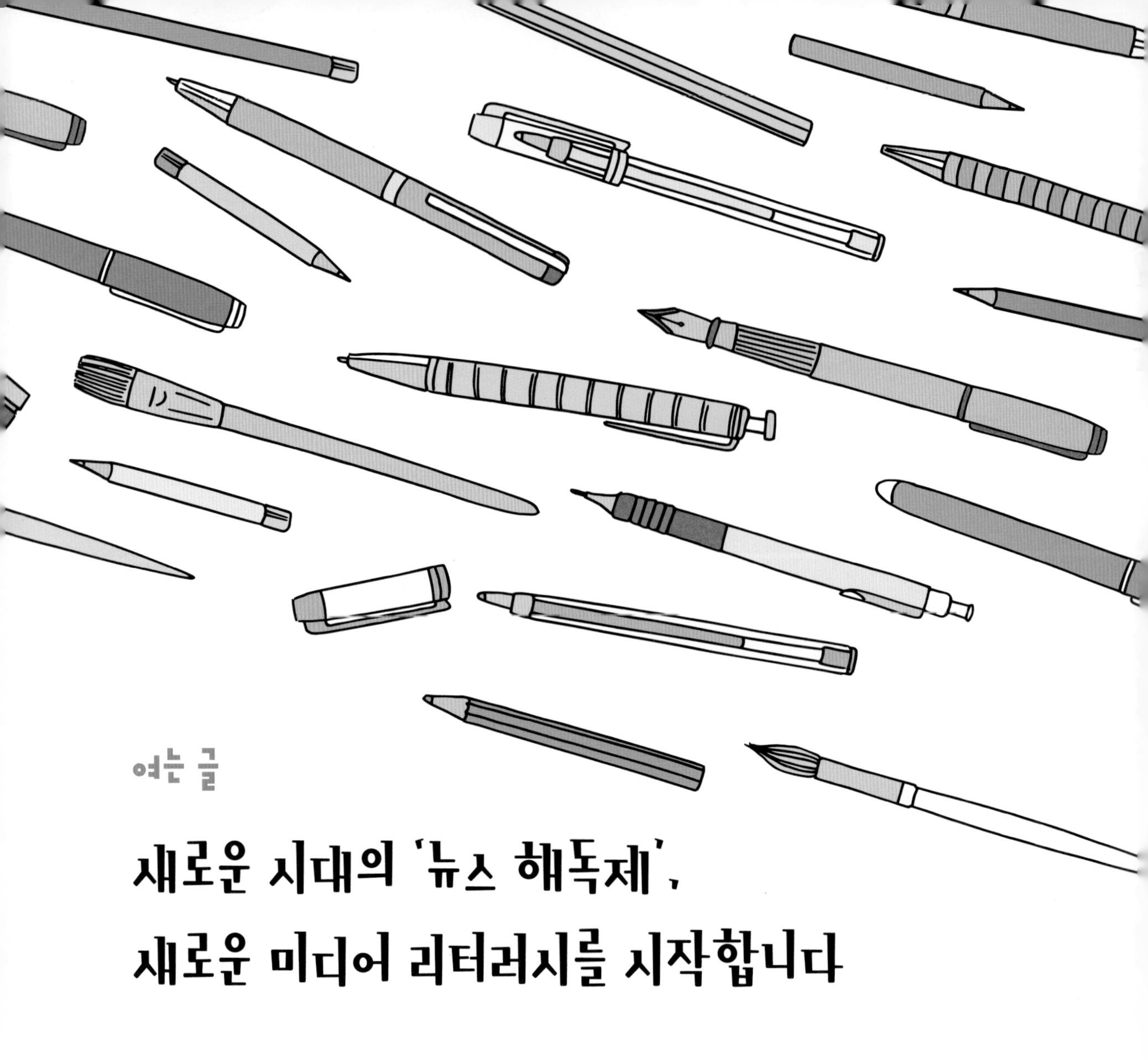

여는 글

새로운 시대의 '뉴스 해독제', 새로운 미디어 리터러시를 시작합니다

"한국 언론을 작동시키는 본질적인 힘의 실체와 그것들의 운동 방식을 밝혀내고자 한다"

1995년 4월 12일, 미디어오늘 창간사 내용입니다. 매스 미디어가 권력을 독점하던 시기에 정치·경제 권력과 언론의 관계를 파헤치고 언론 보도의 이면에 숨겨진 이해관계를 읽어내는 것이야말로 가장 중요한 '미디어 리터러시'였습니다.

25년이 지난 오늘, 매스미디어의 시대는 끝났습니다. 50년 전 캐나다의 미디어학자 마샬

맥루한은 "미디어는 메시지다"라고 선언했지만 지금 우리는 '모두가 미디어고 모두가 메시지'인 시대에 살고 있습니다. "텔레비전에 내가 나왔으면 정말 좋겠네"라는 동요는 옛말이 됐습니다. 텔레비전에 나오지 않아도 누구나 셀럽이 될 수 있고, 전문가들은 유튜버가 되어 대중과 직접 만납니다.

이 새로운 시대에 필요한 미디어 리터러시는 무엇일까? 미디어오늘이 새롭게 시작하는 청소년 미디어 리터러시 매체 <주니어 미디어오늘>은 이런 고민에서 탄생했습니다.

『리얼리티 쇼크』의 저자 샤사 로보의 말을 빌리자면 우리는 "세계를 이해하는 능력과 관련해 처음으로 세대 간 위치가 변환"된 시대에 살고 있습니다. 미디어의 바다 위에서 태어난 10대들은 자유자재로 미디어를 가지고 놀고, 미디어를 통해 인간관계를 맺습니다. 부모들은 새로운 세계에 대해 설명하는데 어려움을 겪고, 미래에 성공하기 위해 어떤 직업을 선택해야 할지조차 조언하기 쉽지 않습니다.

변화는 동시에 깊은 불안을 야기합니다. 우리 앞에는 서로 다른 갈림길이 평행우주처럼 펼쳐져 있습니다. SNS에 올린 글 하나로 세상을 바꿀 수 있지만, 누군가에게 상처를 주며 타인과 나를 파멸로 이끌 수도 있습니다. 유튜브에 올린 영상 하나가 나를 벼락스타로 만들어줄 수 있지만, 몇 년 뒤 나의 미래를 발목 잡을 수도 있습니다. '좋아요'과 '공유하기'로 지구 반대편에 있는 사람과 친구가 될 수 있지만 무심코 올린 글 하나 때문에 수많은 현실 친구들을 잃을 수도 있습니다.

올해 초, 어떤 청년들이 대한민국에 충격을 주었습니다. 그들은 미성년자를 포함한 여성 수십 명의 성착취물을 제작하고 유통했습니다. 그럼에도 자신만만했습니다. "텔레그램 써서 추적해도 안 나와" "핸드폰 버리면 증거 없어" 미디어 속의 나는 끔찍한 범죄를 저지르고 있지만 현실의 나는 잡히지 않을 것이라 생각했습니다. 미디어를 적극적으로 활용했지만 그것의 무게와 깊이를 이해하고 선용할 수 있는 능력은 없었습니다. N번방 사건의 주범인 조주빈, 갓갓 등입니다.

우리가 느끼는 불안의 근원은 가짜뉴스 따위가 아닙니다. 누가 봐도 가짜임이 명백한 가짜뉴스는 큰 위협이 되지 않으며 오히려 공동체의 면역력을 높여줄 것입니다. 더 큰 문제는 인지하기 힘들도록 교묘히 맥락을 소거하거나 팩트를 왜곡하는 나쁜 뉴스이며, 누구나 나쁜 뉴스의 바이러스를 퍼트릴 수 있다는 사실 그 자체입니다.

우리에게 '뉴스 해독제'로서의 미디어 리터러시가 절실한 이유입니다. 공기처럼 자연스럽게 우리 몸에 들어올 나쁜 뉴스들을 해독해줄 미디어 리터러시가 필요합니다. 이 '뉴스 해독제'는 뉴스를 보는 눈을 기르는 것을 넘어서, 디지털과 온라인이 메인이 된 세상에서의 삶의 태도, 사람들과 관계 맺는 법을 새롭게 정립하는 것을 뜻합니다. 그렇게 자신이 의식하지 못한 사이 나쁜 뉴스를 만들어내거나 피해자 혹은 가해자가 되는 것을 방지할 수 있도록 하는 것이 오늘날 필요한 미디어 리터러시입니다.

<주니어미오>는 뉴스 해독제로서의 미디어 리터러시를 위해 구체적으로 두 가지 질문에 대한 답을 찾고자 합니다. 한 가지는 "오늘 뭐 볼래?"입니다. 어떻게 하면 가짜뉴스나 혐오 콘텐츠 속에서 좋은 콘텐츠를 선별할 눈을 기를 수 있을까? 주말에 부모와 자녀가 함께 볼 만한 유튜브 채널은 뭐가 있을까? 한 때 TV가이드가 있었고 '씨네21' 같은 영화 가이드북이 있는 것처럼, 이제 유튜브 가이드가 필요하고 OTT 리뷰가 필요합니다. 특히 코로나19로 집에서 보내는 시간이 길어진 요즘, "오늘 뭐 볼래?"는 실존적인 고민이 되었습니다.

또 다른 질문은 "어떻게 말하지?"입니다. 유튜버가 되고 싶은데 무엇을 준비해야 하고, 사람들 앞에서 무슨 이야기를 해야 할까? 내가 올린 SNS 글에 친구가 공격적인 댓글을 달았는 데 대답은 어떻게 해야 하

지? 모두가 메시지를 생산하는 시대에 단톡방에서의 예절, 페이스북에서 공유하지 말아야 할 것들, 설득력 있게 폭로하는 방법, 잘못했을 때 사과하는 방법 등등은 필수교양이 되었습니다.

이 답을 찾는 과정 속에서 <주니어미오>가 한 가지 약속드릴 것이 있습니다. 청소년들의 미디어 활용 능력이 기성세대를 한참 앞지른 시대인 만큼, 가르치려 들지 않겠습니다. 답보다 질문을 던지는 역할을 하겠습니다. 부모와 자녀, 교사와 학생, 친구들이 함께 토론할 수 있는 미디어 리터러시, 스스로 질문하고 익히고 답하는 미디어 리터러시를 추구하겠습니다. 원리보다는 방법과 실전, 부모가 보고 집에서 써먹을 수 있는 리터러시 실례들, 뉴스와 콘텐츠를 검증할 수 있는 방법, 뉴스를 조금 다르게 볼 수 있는 관점을 제시하겠습니다. <주니어미오>의 새로운 출발에 응원과 관심을 부탁드립니다!

주니어미디어오늘 편집장 조윤호 드림

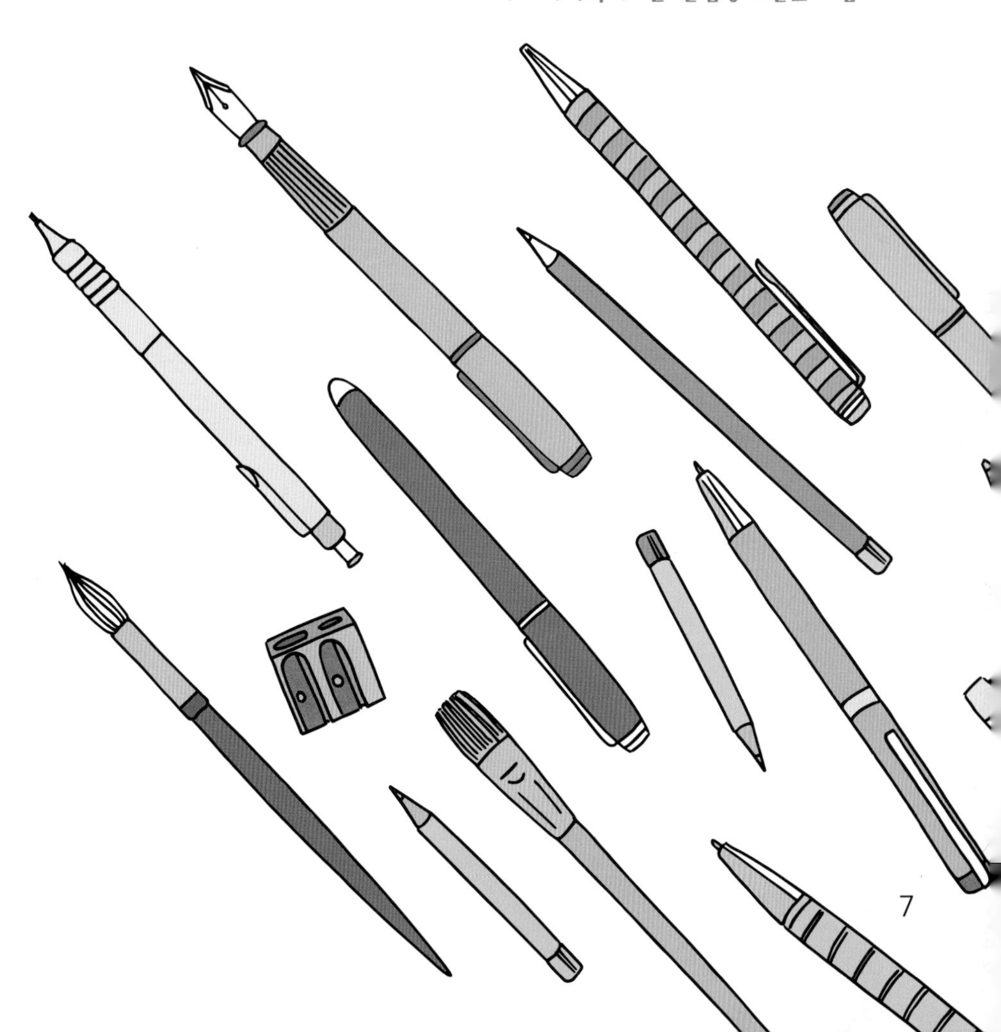

특집 인터뷰

"미디어 리터러시, 핵심은 감시가 아닌 자기조절능력"

정현선 경인교육대학교 국어교육과 교수

글 조윤호 주니어미디어오늘 편집장

사진 김용욱 미디어오늘 기자

지난 8월 27일 정부가 미디어 리터러시 종합계획을 발표했습니다. 교육부부터 행정안전부까지, 여러 정부 부처들이 힘을 합쳐 준비할 정도로, 미디어 리터러시는 우리 교육의 중요한 축이 되었어요.

하지만 정부의 대책, 학교 교육으로도 쉽게 커버하지 못하는 영역이 있어요. 바로 가정에서의 미디어 리터러시에요. 집에서는 어떻게 교육해야 할까요? 또 미디어 리터러시 교육이 더 진화하려면 무엇이 필요할까요? <주니어미오>가 정현선 경인교대 국어교육학과 교수님을 만났습니다. 미디어 리터러시 연구자이자, 경인교대에서 예비교사를 가르치는 교육자이며 아이를 키우는 부모님이기도 한 정현선 교수님의 이야기를 들어볼까요?

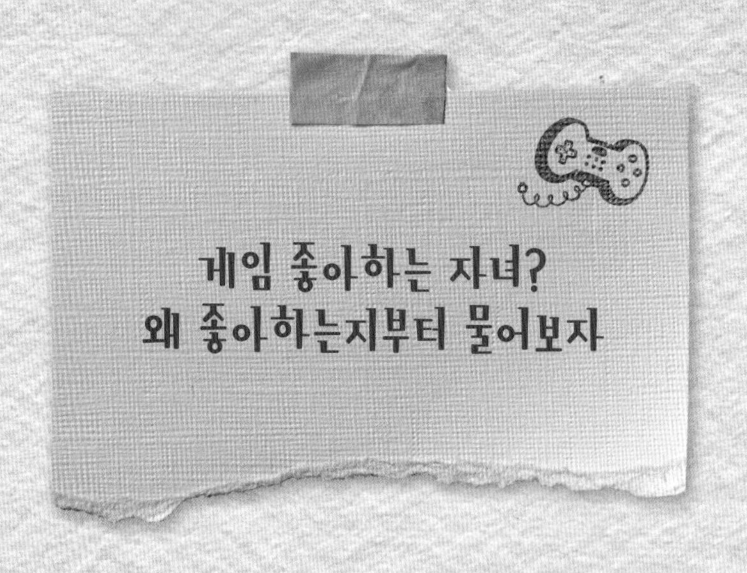

Q. 부모님들은 아이들이 미디어에 중독되는 것을 가장 걱정할 것 같아요. 그런데 섣불리 못 보게 하면 뒤처지지 않을까 걱정도 되고, 어떻게 해야 할까요?

"보호주의와 보호는 달라요. 무작정 못 보게 하는 것이 아니라, 디지털로 연결된 세상을 살아갈 아이들이 자신의 삶을 안전하게 시작할 수 있도록 이끌어주는 초기 교육이 필요합니다. 그 부분은 부모가 담당할 수밖에 없어요. 아이가 언젠가는 밥을 먹어야 하지만 한동안은 젖을 먹이고, 분유나 미음을 먹잖아요? 혼자 밥 먹을 수 있을 때까지 안전하게 보호해주는 게 중요해요. 저는 아이가 초등학교 3학년일 때 처음으로 횡단보도를 혼자 건너게 했어요. 제가 1m 뒤에 따라가면서, 어떻게 건너야 하는지 알려줬죠. 미디어도 마찬가지에요."

Q. 구체적으로, 아이를 어떻게 교육하시나요?

"일단 스마트폰과 아이패드 같은 기기를 다룰 때 아이가 보는 것을 저도 볼 수 있도록 만드는 것이 중요해요. 이메일을 포함해 아이가 사용하는 다양한 미디어 플랫폼의 아이디와 비밀번호를 부모와 공유해야 한다는 점부터 설명했어요. 네이버 카페에 가입해서 활동을 한다면 만나는 사람들을 부모랑 같이 한 번 만난다거나. '내가 알고 있어야 네가 위험할 때 도와줄 수 있어'라고 설득하고 동의를 구했어요.

또, 미디어에 대해 함께 대화하는 게 중요해요. 가장 하지 말아야 할 일은 아이의 감시자가 되는 것입니다. 믿어주고, 어떤 것에 대해 걱정하고 있는지 끊임없이 대화하는 게 중요해요. 저는 아이가 초등학교 1학년 때부터 뉴스를 같이 봤어요. 끔찍한 범죄 이야기가 나오면 '엄마도 가슴 뛰어서 못 보는데, 다른 것 볼까?'라고 채널을 바꿔요. 아이가 게임을 하고 있으면 그 게임에 대해 설명해 달라고 해요. 그러면 신이 나서 그림까지 그려가며 설명해줘요. 아이가 접하는 미디어를 왜 좋아하는지 이해하고 그것에 대해 조언을 주는 것이 필요해요. 재미있고 공부가 되는 게임이나 앱들이 있으면 알려주기도 하고요.

이런 과정을 거쳐 자기 조절 능력을 갖추도록 하는 것이 핵심이에요. 오늘의 할 일 목록을 만들고 스스로 체크하게 하죠. 오늘의 스케줄은 이러니까 게임은 하루에 한 시간만 하자고 같이 합의하는 거죠. '엄마도 좋아하는 드라마 하루 종일 보고 싶을 때도 있어. 그렇다고 엄마가 네 공부를 안 도와주거나 학교 수업 준비를 안 하면 안 되겠지?'라고 설득했어요. 아이를 위해 구글 클래스룸도 만들었어요. 숙제리스트를 적어두고, 다 했으면 '1번 미션 클리어'라고 댓글을 달아줘요. 아빠도 같이 볼 수 있고, 아이도 하나씩 미션을 해결하는 느낌을 받죠. 무엇보다 스마트폰이든 아이패드든 오락을 위한 도구보다 일을 하기 위해 필요한 도구라는 생각을 심어주는 효과가 있어요.

물론 이 모든 것을 부모의 책임으로 남겨두는 게 한계가 있어요. 학교의 역할이 중요합니다. 학년별로 어떤 미디어를 얼마만큼 다룰지에 대한 로드맵이 필요해요. 또 기업의 책임도 있어요. 아이패드나 스마트폰마다 다 가족 공유의 방법이 다르잖아요. 판매할 때부터 부모들한테 안내해주고, 교육도 시켜줘야 해요."

Q. 아이와 함께 보았던 좋은 콘텐츠를 소개해주신다면?

"아이가 초등학교 2~3학년 때는 네이버랑 출판사 '아울북'이 만든 라디오 콘텐츠를 많이 봤어요. 에디슨, 장영실 같은 위인들의 전기를 많이 읽었어요. 아이들이 쉽게 접근할 수 있게 5분 단위로 끊어져 있어요. 또 네이버에서 만든 인터렉티브 동화가 있는데, 아이들의 선택에 따라 결말이 달라지는 동화에요. 예컨대 인어공주라면 '왕자님을 보고 싶은데 뭍으로 올라갈까요? 말까요?'라고 물어보고 선택지에 따라 결말이 달라져요. 왕자 입장에서의 선택지도 있고요. 아이가 스스로 생각하고, 선택할 수 있게 하는 콘텐츠가 좋은 것 같아요.

저는 '놀면 뭐하니' 같은 예능도 아이와 함께 볼 수 있는 좋은 콘텐츠라고 생각해요. 많은 사람들의 의견을 듣는 과정, 유머를 발휘하는데 어디까지가 지켜야 할 선인지 잘 보여주잖아요. 사람들이 이런 반응

©MBC

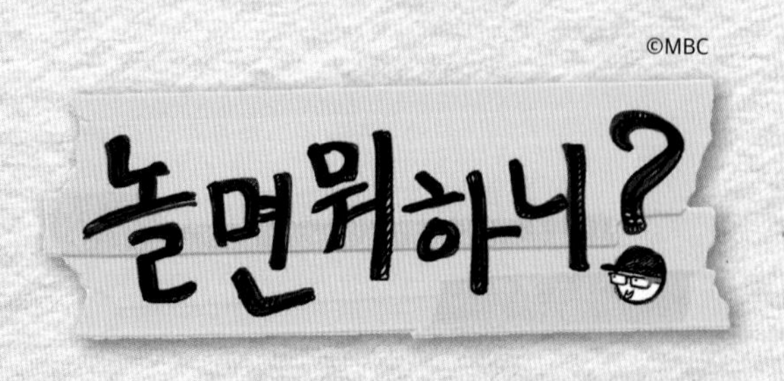

을 하면 어떻게 대응할지 사회성을 기르기 좋은 예능 프로그램도 같이 보면 좋아요. 요리 프로그램처럼, '우리도 같이 만들어볼까?"라면서 부모와 아이가 함께 대화를 이어나갈 수 있게 해주는 프로그램도 좋다고 생각해요."

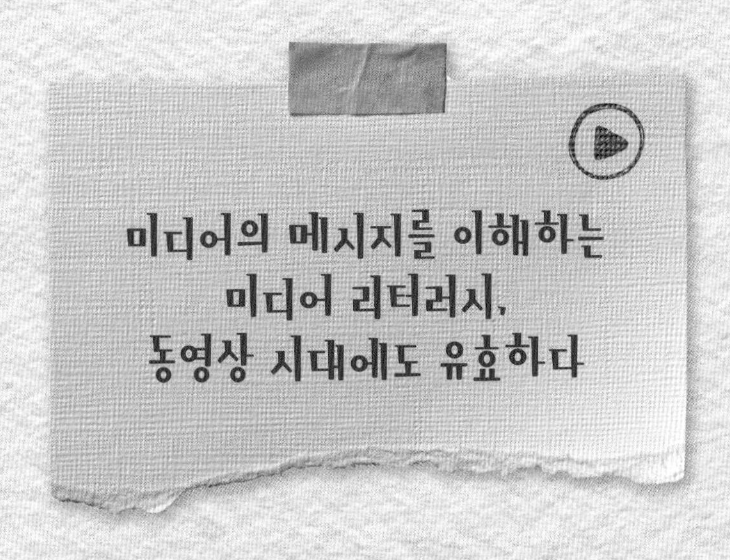

미디어의 메시지를 이해하는 미디어 리터러시, 동영상 시대에도 유효하다

Q. 가정에서도 미디어 리터러시 교육을 신경써야할 만큼 미디어 리터러시가 유행이에요. 그런데 미디어 리터러시란 과연 뭐라고 정의할 수 있을까요?

"미디어 리터러시의 궁극적 목표는 미디어가 생산하는 메시지에 대한 비판적 이해와 분석이에요. 이 목표를 달성할 때는 여러 단계가 필요합니다. 예컨대 초등학생이 글쓰기를 처음 배운다면 뭐부터 배울까요? 일단 책을 좋아하게 만드는 게 중요해요. 그리고 책 내용을 곧이곧대로 받아들이게 하고, 그 다음 단계가 행간을 읽어보는 훈련이죠. '글에는 없지만 저자가 말하고 싶었던 것이 뭘까?' 더 높은 단계로 가면 '저자가 이 단어를 왜 골랐을까? 다른 단어를 쓸 순 없었을까?'를 같이 고민해보는 거죠. 결국 모든 미디어의 메시지에는 의도가 있음을 알아차리고, 그 메시지의 의미를 따져 읽어보는 것이에요."

Q. 그런데 요즘 아이들은 책을 잘 안 읽잖아요? 영상 세대이고. 그러다보니 그런 방식의 미디어 리터러시가 올드한 것 아니냐는 말도 있어요.

“제가 특강 시간에 한 방송국 PD님을 불러 방송연출 관련 수업을 했는데, PD님이 그러시더라고요. ‘애들아, 책 많이 읽어라.’ 영상을 보고 핵심을 정리하는 능력, 즉 메시지를 파악하는 능력은 책을 읽고 내용을 파악하는 능력과 다르지 않다는 거에요. 미디어는 말을 하는 존재고, 미디어가 말을 하는 특정한 방식이 있고 말을 할 때는 이해관계가 작동합니다. 유튜브 같은 뉴미디어, 디지털 기기 활용법도 잘 알아야겠지만 미디어 리터러시는 일종의 기초기능으로 여전히 중요한 거에요.”

Q. 경인교대에서 예비교사들에게 미디어 리터러시를 어떻게 가르치나요?

“‘디지털매체와 의사소통’이라는 수업을 하는데, 미디어의 발달과 함께 인간의 커뮤니케이션이 어떻게 이루어져 왔는지 공부해요. 유튜브를 보면 내가 좋아하는 영상을 계속 추천해주잖아요? 과연 편리하기만 한 건지 생각해보고, 플랫폼마다 어떤 정책을 가지고 있는지 같이 읽어봅니다. 쿠키 기록을 지워보기도 하고요. 또 미디어 생산자가 되어보자는 취지로 대학에서 열리는 미술 전시 작품을 감상하고 홍보하는 영상을 만들어보고, 브이로그를 기획하고 제작하는 활동도 해요. 4학년 선택과목으로 ‘미디어교육론’이란 수업이 있는데 실제로 수업할 때 필요한 교재를 소개해주고 수업을 어떻게 진행하면 좋을지 알려주는 내용이에요.”

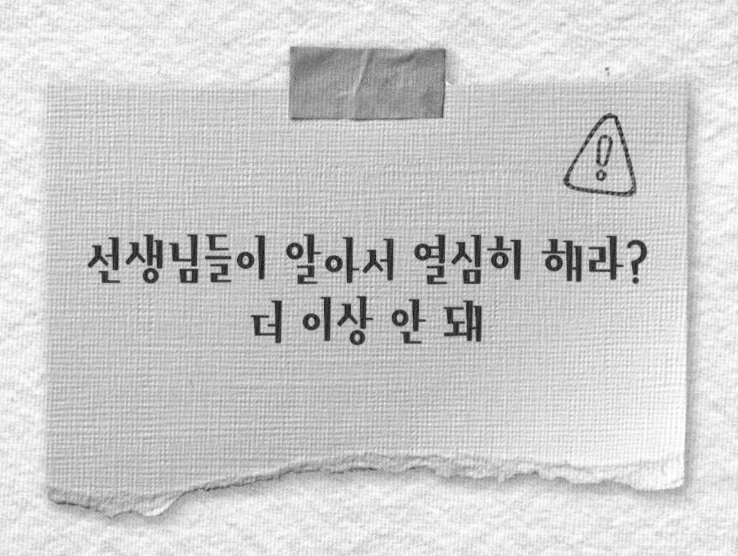

선생님들이 알아서 열심히 해라? 더 이상 안 돼

Q. 미디어 리터러시 교육을 할 때 느끼는 애로사항이 있나요?

"교육과정에 미디어 리터러시 교육을 해야 한다는 근거가 명확히 제시되어 있지 않아요. 예컨대 시각적 이미지를 활용해서 메시지를 만들어보는 수업은 미술, 실과 선생님이 의지만 있으면 할 수 있어요. 근데 그런 수업은 볼 수 있는 눈이 있고 (미디어 리터러시가) 중요하다고 여기는 분만 할 수 있죠. 그 교육을 실시할 명확한 기준이 필요합니다.

교육부가 좀 더 확실하게 의지를 보였으면 좋겠어요. 제가 교사 대상 연수도 많이 하는데, 이제 선생님들 사이에서 '미디어 리터러시가 왜 필요한가요?'라는 질문이 많이 나오진 않아요. 다만 지금 2022년 교육과정이 준비되고 있는데, 교육부에서 교육과정에 미디어 리터러시를 반영하기 위한 준비는 어떻게 하고 있는지는 의문이에요. 센터 만들어서 선생님들이 원격수업 도움을 받고 하는 것들 다 좋은데, 가장 중요한 건 교육과정이고 교육과정에 미디어교육을, 특히 총론에 반영할 방안을 교육부가 내놓아야 합니다. 그렇지 않으면 열심히 하는 선생님들이 알아서 하라는 식이 될 거에요."

Q. 언론의 역할도 중요할 것 같아요.

"게임이든 콘텐츠든, 스마트폰이든 아이들이 토론하고 생각한 것 그대로의 이야기를 들어주고 발언권을 주는 언론 보도가 많았으면 좋겠어요. 호주 ABC 방송에서 만든 프로그램 중에 인상 깊은 프로그램이 있었어요. 각 주의 대표 중학교 1학년들을 한 명씩 뽑아서 비디오카메라를 주고 중1의 성장기를 브이로그 방식으로 담게 한 것이죠. 전문 감독들도 지원하고, 아이들이 주인공인 프로그램을 공영방송에서 만든 거에요. 영국 BBC는 아예 세대별로 다뤘어요. 유튜브가 표준이 된 시대에 유튜브 언어를 따라잡으려는 노력을 기존 미디어들이 많이 하잖아요. 그런데 그냥 따라가지 말고 선도해야 하는 것이죠.

무엇보다 좋은 기사를 많이 써주셔야 합니다. 좋은 뉴스가 많을수록 리터러시 교육이 잘 이루어질 수 있거든요. 또 이 뉴스를 어떻게 취재했는지 취재과정을 알려주는 좋은 후기들을 많이 써주면 아주 큰 도움이 될 거에요.”

특집 인터뷰

"PC도 핸드폰도 공용공간인 시대, 디지털 리터러시가 당신의 생존을 결정한다!"

디지털리터러시교육협회 김묘은 공동대표·박일준 회장

여러분, '싸강 빌런'(사이버강의 빌런)'이란 말 들어본 적 있나요? 수업시간에 소란을 일으켜서 수업을 방해하는 친구들 꼭 있죠? 코로나로 인해 이제 사이버 수업 때 소란을 일으키는 '빌런'들이 나타났어요. "마이크에 대고 하품해서 선생님이 당황했다" "쉬는 시간에 음악 틀었다가 저작권 때문에 방 폭파" "좌우 반전 기능 때문에 강의가 뒤집어져 보이는데 필기 어떻게 하냐" 다양한 사례들이 인터넷에 올라오고 있어요.

앞으로 디지털 세상에서 살아가는 방법과 능력, '디지털 리터러시'가 더 중요해질 거에요. <주니어미오>는 2016년부터 교육 현장에서 디지털 리터러시 교육을 선도해 온 <디지털리터러시교육협회>의 김묘은 공동대표, 박일준 회장 두 분을 만났습니다. 새로운 시대의 교양, 디지털 리터러시에 대해 알아볼까요?

코딩 교육보다 디지털 리터러시가 먼저다

Q. 디지털 리터러시 교육, 어떻게 시작했나요?

김묘은 "제 대학원 석사 논문 주제가 '디지털 리터러시로 아이들 게임중독을 해결하는 방법'이에요. 게임중독을 막는데 컴퓨터 차단이 답이 아니다, 인터넷 없이 살 수 없는 세상이니 중독은 중독으로 풀어야 한다는 내용이에요. 공부 중독은 중독이라고 안 하잖아요? 게임에 몰입하는 아이는 다른 쪽에 몰입할 가능성도 높으니 몰입의 방향을 틀어주자는 주장이었는데 유튜브가 문제가 되면서 그 때 생각을 다시 끄집어내 봤어요. 아이들이 유튜브를 많이 보는데, 부모님들은 걱정되니까 차단하려고 하잖아요. 유튜브에는 유용한 콘텐츠도 많거든요. 차단이 아니라 골라볼 수 있는 능력을 갖춰한다는 문제의식으로 커리큘럼을 개발했고 전국 중학교의 자유학기제 수업으로 먼저 시작했어요"

Q. 디지털 리터러시, 무엇을 배우나요?

김묘은 "많은 분들이 두 가지를 생각해요. 첫 번째는 기술교육, 도구 활용능력이죠. 두 번째는 윤리교육이에요. 그런데 사실 디지털 리터러시는 더 광범위해요. 디지털로 할 수 있는 모든 것, 그리고 디지털 세상에서 갖춰야 할 태도 전반을 말해요."

Q. 말씀하신 대로 디지털 리터러시라고 하면 흔히 기술교육을 떠올리잖아요?

김묘은 "요즘 코딩 교육을 많이 하는데, 코딩 교육 이전에 배워야 할 것이 디지털 리터러시입니다. 아이들한테 다짜고짜 코딩부터 가르치니까 '내가 왜 이걸 배워야 되지?'라고 의문을 가져요. 아이들이 사회에 나왔을 때, 대부분은 기계가 다 할 수 있는 시대가 될 거에

요. 잘 활용하는 방법이 더 중요하죠. 인공지능에 대해 가르칠 때도 인공지능 도구 사용법만 알려주기 쉬워요. 그래서 저희는 '인공지능은 완벽하지 않아. 그런데 왜 인공지능을 사용할까?'를 함께 토론하고 인공지능을 대하는 태도에 대해 알려주죠. '인공지능은 어린아이와 같아서 잘 가르쳐야 해. 꽃을 그려달라고 하는데 칼을 그리면, 인공지능은 칼을 꽃으로 이해할 거야. 우리가 인공지능의 선생님이 되어야 해' 이런 자세와 태도가 디지털 리터러시에요."

Q. 아이들이나 부모님들은 기술을 배운다고 말해야 관심을 가질 것 같은데요?

김묘은 “그래서 미끼를 쓰죠. 페이스북이랑 같이 교육을 진행한 적이 있는데, 스마트폰으로 프로필 사진 멋있게 찍고 사진 편집하고, 이모티콘 만들고 캠페인 광고영상 제작하는 수업이라고 홍보했어요. 엄마들이 너무 좋아하죠. 근데 이건 미끼에요. 교육의 핵심 내용은 페이스북에서 낯선 사람이 말 걸면 대화하면 안 되는 이유, 페북에서 절대 하지 말아야 할 것. 공유하지 말아야 하는 것. 나의 정보를 어디까지 노출해야 하는지, 누군가가 나를 스토킹하면 어떻게 신고해야 하는지 등이에요. 수업을 수강했던 한 아이가 페이스북으로 어떤 남자친구들이 만나자고 연락이 왔는데, 수업 내용이 생각나서 안 갔대요. 근데 그 아이의 다른 친구는 갔다가 성폭행을 당했어요. 아이 엄마한테 너무 고맙다고 연락이 왔어요.”

디지털리터러시교육협회가 페이스북과 함께 진행한 교육 홍보 웹자보.

Q. 디지털 리터러시가 생존을 결정하는 시대가 됐군요.

박일준 "디지털 리터러시가 중요한 세 가지 이유가 있습니다. 첫 번째는 기본적인 생존 역량이에요. 아이들은 수업도 못 듣고, 어르신들 기차표도 못 끊죠. 두 번째는 꿈을 가지고 새로운 기회를 얻으려면 필수에요. 금수저 물고 태어나지 않으면 성공할 수 없는 사회가 됐는데 자본이 없이 기회를 창출해낼 수 있으려면 디지털 리터러시가 필요해요. 세 번째, 디지털 리터러시 없으면 속고, 당하게 돼요. 정부의 통제에 쓸려가고, 새로운 기술을 기업이 독과점해서 소비자들을 현혹해도 당할 수밖에 없어요. 거짓 정보도 마찬가지죠. 나 자신을 보호하려면 디지털 리터러시 능력을 갖춰야 합니다."

김묘은 "최근에 코로나로 인한 원격수업 때문에 더 중요해졌죠. 디지털 리터러시 역량이 높은 선생님들은 줌은 물론 클라우드를 활용해서 효율적인 수업을 할 수 있어요. 선생님들의 디지털 리터러시 역량에 따라 수업의 질이 달라지는 시대가 됐어요. 또, 원격수업에서의 예절도 중요해졌어요. 초등학교 1학년 때부터 '복도에서 뛰면 안 돼' '수업 시간 종 치기 전엔 자리에 앉아있어'라고 가르치잖아요? 그런데 원격수업에선 그런 게 없었어요. 수업 일수 맞추기 바쁘다 보니까. 선생님들이 이런 예절 문제 때문에 '아직 원격수업 안 되겠다'고 하세요. 하지만 '이런 문제가 있으니 하지 말아야 돼'가 아니라 디지털 리터러시를 먼저 가르치고 수업을 시작해야 했던 거죠."

Q. 디지털 리터러시의 영역이 굉장히 광범위하네요.

김묘은 "예컨대 카카오톡 단톡방 예절도 디지털 리터러시에요. 이런 이모티콘은 어떤 경우에 사용해야 하는지, 사용하면 안 되는지, 이모티콘이 아니라 텍스트로 답장을 보내거나 전화로 말해야 할 때는 언제인지. 어려운 말로 '디지털 커뮤니케이션 리터러시'라 할 수 있는데, 이런 단톡방 예절을 이모티콘 제작하는 기술과 함께 가르치는 거죠."

교과서도 안 보던 아이, VR교육 받고 진로 정해… 디지털 리터러시, 격차를 줄이다

이쯤 들으니 실제로 어떤 교육을 하는지 궁금해지죠? 디지털리터러시교육협회에서 만든 커리큘럼을 살펴봤습니다. 인공지능부터 유튜브, 클라우드, 빅데이터 등등을 하루에 하나씩 배워요. 이걸 한 학기에 다 배울 수 있을까요? 김묘은 대표는 "이걸 다 가르치냐고 선생님들이 묻지만 학생들은 다 해낸다"며 "이런 게 있다고 가르쳐주고, 더 깊게 익히려면 어떻게 해야 하는지를 함께 알려줘서 학생 스스로 학습할 수 있게 한다"고 설명합니다.

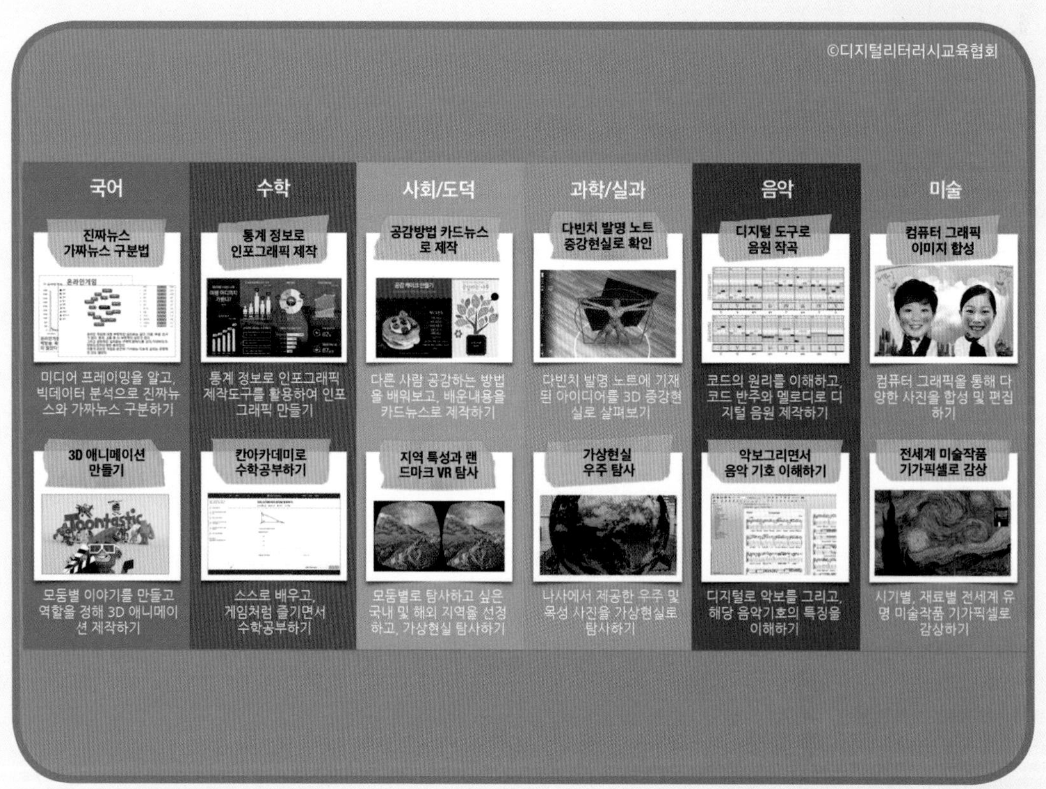

디지털리터러시교육협회가 만든 학교 교육과정 연계 디지털 미디어 리터러시 교육 커리큘럼.

지털리터러시교육협회 제공

박일준 디지털리터러시교육협회 회장

Q. 일반 수업에 비해 디지털 리터러시 수업의 강점이 뭘까요?

김묘은 "잘하는 아이와 못 하는 아이의 격차가 확 줄어들어요. 미술교육만 해도 채색 배우는 데 6개월씩 걸리는데, 많은 아이들이 질려요. 잘 그리는 아이는 미술 시간이 즐겁지만 나머지는 흥미를 잃거든요. 그런데 디지털로 하면 대부분 다 잘 그려요. '디지털로 하는 게 무슨 예술교육이야?'라고 하는 분들도 있는데, 예술교육에 대해 잘못 알고 있는 것이라고 생각해요. 예술교육이 아이들에게 문화적 감수성을 기르게 하고, 문화예술을 향유할 수 있도록 하는 거지 아티스트를 키우는 게 아니거든요. 디지털을 활용해 아이들 간의 갭이 확 줄고, 내가 잘하면 재밌잖아요? 아이들이 적극적으로 참여하게 되요"

Q. 기억에 남는 학생이 있나요?

김묘은 "충북 제천에 로뎀 청소년 스쿨에서 수업을 했는데, 범죄를 저지른 학생이 있었어요. 교과서는 쳐다도 안 보는 친구였는데, 이 친구가 VR 아트교육을 받고 그 분야로 진로를 정하고 검정고시를 봤어요. 미술교육 한 번 받아본 적 없는 아이였는데...2월에 수업하고, 4월 16일 검정고시 합격을 했어요, 판사님한테도 편지를 잘 써서 집행유예로 풀려났어요. 그 친구 때문에 로뎀스쿨이 '우리도 할 수 있다' 분위기로 바뀌었다 하더라고요. 또 마포에 있는 어느 단체에서 수업을 했는데, 청각장애 학생이 인공지능을 가지고 작곡을 했어요. 인공지능이 '이 코드에는 이 음이 어울려'라며 작곡을 도와준 거죠. 비록 자신은 듣지 못했지만 노래를 만든 거죠. 그 노래를 들으면서 많이 감동했던 기억이 나요."

Q. 아이들의 자발성을 이끌어내는 점이 디지털리터러시 교육의 강점이군요.

김묘은 "한 번은 수업에서 디지털 리터러시가 무엇인지 설명하는 콘텐츠를 만들어보라고 모둠 과제를 줬어요. 과제 수행의 전제조건이 있어요. 내가 설명할 수 있는 단어로만 만들어야 한다는 거에요. 안 그러면 '복사+붙여넣기'를 하거든요. 선생님이 물어볼 때 설명을 못하면 과제를 안 한 걸로 치는 거죠. 아이들이 국어사전 찾아보고, 모르는 단어가 있다 싶으면 또 찾고. 오히려 어휘력이 풍부해져요. '디지털 리터러시란 이런 것이야'라고 가르치는 게 아니라 스스로 찾아보고 배우게 교육하는 거죠."

박일준 "아이들은 이미 스스로 배우고 있어요. 궁금한 거 생기면 검색해보죠. 학습효과 측면에서도 누가 가르쳐준 건 5%만 남는데 스스로 찾아보고 남한테 이야기한 건 95%가 머리에 남는다고 하거든요. 스스로 찾아보고 꼬리에 꼬리를 물고 결국 답을 찾아내는 능력을 갖춘 사람과 아닌 사람 간에 어마어마한 차이가 나는 시대가 곧 올 거에요."

디지털리터러시교육협회에서 진행한 '디지털 드로잉 도구로 회화 작품 만들기' 사례

Q. 디지털 리터러시 교육이 발전하기 위해 필요한 것이 무엇일까요?

박일준 "기술적인 문제는 대부분 해결됐고 인식의 전환이 남은 것 같아요. 디지털이 메인 세상이라는 인식이에요. 클라우드로 모든 게 공유되는 시대잖아요? PC도 핸드폰도 개인 공간이 아니에요. 네트워크에 연결된 이상 공용공간이에요. 디지털 세상은 이제 광장이 됐어요. 우리가 공원 나갈 때 팬티 바람으로 나가지 않죠? 요즘 단톡방에서 남의 뒷담화 하다가 걸리는 일 비일비재하잖아요. 사적인 공간이라고 착각하는 거에요. 이 마인드를 바꾸지 않으면 아무리 사회적으로 성공해도 한 방에 무너질 거에요. 미디어를 잘 쓰고 디지털 세상을 이해하면 성공하고, 아니면 성공할 수 없는 시대가 됐어요. 그만큼 디지털 리터러시는 필수에요."

좋은 리터러시 교육의 세 가지 법칙

글 조윤호 주니어미디어오늘 편집장 **사진** 금준경 미디어오늘 기자

미디어 리터러시 교육, 중요하다는 말은 아는데 어떻게 해야 하지?

<주니어미오>가 교육 사례들을 한 데 모아봤어요.

그곳에서 찾아낸 세 가지 법칙에 대해 알아볼까요?

1. 스스로 답을 찾게 하라!

부산의 주감초등학교 국어 시간에는 '빠진 목소리 찾기' 수업이 있습니다. 어려운 해외뉴스도 쉽게 이해할 수 있도록 도와주는 수업이에요. 학생들이 프랑스의 노란조끼 시위[1] 관련 기사를 읽고, 선생님이 질문을 던져요. "기사에 어떤 목소리들이 나오지?" "프랑스 총리요" "프랑스 정부 대변인이요" "전문가요" "그럼 어떤 목소리가 빠져 있지?" "시위 참여자들이 없어요!"

기사에 없으면 우리가 직접 찾는다! 학생들은 태블릿PC를 활용해 빠진 목소리를 직접 찾아요. 국내외 다른 기사를 검색하고 시위참가자가 만든 페이스북을 찾아냅니다. 다음에는 모둠별로 전지에 '빠진 목소리'를 공유하고 피드백합니다. "새로운 사람 잘 찾았어" "출처를 안 썼어" "트럼프가 여기서 왜 나와?"[2]

---

1 2018년 프랑스 마크롱 정부의 유류세(휘발유 경유 등유 등에 부과하는 세금) 인상을 계기로 일어난 시위. 노란조끼는 프랑스에서 사고에 대비해 의무적으로 차 안에 배치하는 형광조끼로, 유류세 인상에 항의하는 운수업자들을 상징한다. 처음에는 유류세 인상에 반대했으나 점차 마크롱 정부에 반대하는 반정부 시위로 확산됐다.

2 금준경, "노란 조끼 시위 기사에 빠진 목소리를 찾아라", 미디어오늘, 2020.02.20.

부산 주감초등학교 뉴스 리터러시 교육 현장. 학생들이 기사에 나오지 않은 목소리를 찾아 기록하고 있다.

"아이들한테 어떤 기준으로 유튜브를 보게 하지?" 요즘 부모님들의 가장 큰 고민입니다. 이 기준을 정하는 과정도 교육이 될 수 있어요. 초등젠더연구회 '아웃박스'의 미디어 리터러시 교육 시간에는 철구, 허팝, 이사배, 보겸, 제이플라 등 유튜버들의 영상을 보고 학생들이 직접 장단점을 설명해요. "이 사람은 재밌는데 욕을 해요" "과학실험을 하는데 위험할 것 같아요"

그 다음 학생들이 좋은 유튜브의 기준을 스스로 정합니다. '욕설, 성적 농담, 차별, 혐오 없는 방송' '인권 존중 방송' '재밌고 유익한 방송' 등등. 남이 정해준 기준이 아니라 스스로 정한 기준이라면, 쉽게 까먹지 않겠죠?[3]

3 금준경, "유튜브 속 혐오표현, 젠더 교육으로 솎아낸다", 미디어오늘, 2020.03.15.

“공부는 혼자 하는 것”이라는 말이 있어요. 아무리 좋은 선생님한테 배워도 스스로 찾지 않으면 내 것이 되지 않는다는 뜻이에요. “노란조끼는 이런 사건이고 언론보도는 이게 문제야” “이게 좋은 유튜브의 기준이야”라고 선생님이 가르쳐주는 것으로 끝났다면 학생들의 머리에 오래 남지 않았을 거에요.

2. 액션으로 배우자!

부산 시청자미디어센터의 미디어비평 교육 시간에는 방송사 보도국장이 무슨 일을 하는지 간접 체험할 수 있습니다. 보도국장이 되어 오늘의 뉴스 10가지를 중요도에 따라 배치해보는 것이죠. “제 삶에 중요한 건 민영화에요” “사회적 약자를 대변하는 게 최고의 가치라 스쿨미투를 꼽았어요”④ 이 활동을 통해 어떤 뉴스가 가치 있는 뉴스인지 몸으로 배울 수 있어요.

초등젠더연구회 ‘아웃박스’가 수업시간에 차별 없는 이모티콘을 직접 만들어보는 것도 마찬가지 이유에요. 우리가 흔히 쓰는 이모티콘에도 성차별적인 요소들이 있는데, 이것을 지적하는 데서 끝나는 게 아니라 차별 없는 좋은 이모티콘을 직접 만들어보는 것이죠.

성남 삼평중학교 동아리 ‘청소년 저널리즘반’은 가짜뉴스를 직접 만들어보는 활동을 합니다. 직접 만들어보면 그 원리와 문제점을 이해할 수 있어요. 기사를 하나 고른 후 관점이나 문맥상 흐름, 단어 등을 바꾸어 가짜뉴스를 생산해보는 거에요.

---

4 금준경, “미디어를 비평하는 시민이 언론을 바꾼다”, 미디어오늘, 2020.04.01.

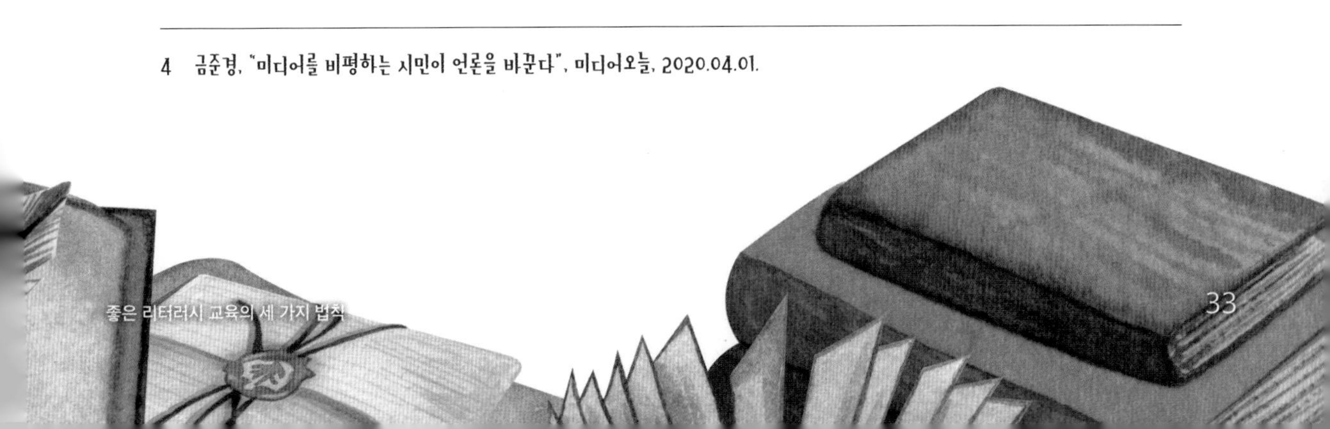

가짜뉴스 만들기 수업 결과물

중앙일보(2019.07.26.) "T자로 탈선, 아찔했던 강릉선 KTX…사망자가 없었던 비결은"이라는 제목의 기사다. 실제 기사는 '관절대차'라는 장치 덕에 사망자가 없다는 내용이다. 하지만 학생들은 수많은 사상자가 발생된 것으로 조작된 가짜뉴스를 생산했다. 기사를 쓴 후에는 이 가짜뉴스가 사회에 미칠 영향을 예측했는데, KTX 선호도가 떨어질 것이며 열차 운행에 관련된 사람들을 비판하는 목소리가 높아질 것이라는 답변이 나왔다. 더불어 KTX를 이용하는 사람들이 적어지니 차량 운행이 더 늘어나 환경오염도 심해질 것이라도 답했다. 학생들은 자신들이 생산한 뉴스로 인해 바뀔 세상이 무섭다는 말도 덧붙였다.[5]

자전거를 한 번 배우면, 한참 동안 타지 않아도 다시 탈 수 있는 이유가 뭘까요? 머리가 아니라 몸으로 배웠기 때문이에요. 미디어 리터러시도 몸이 기억하게 하면, 효과가 배가 되겠죠? '아웃박스'의 황고운 강선초등학교 교사는 "액션없이 습득만 하게 해선 답이 나오지 않는다. 직접 해봐야 반응도 좋다."고 말했어요.

5 조혜영, "허위정보로 바뀌게 될 세상이 무서워요 : 성남 삼평중 청소년 저널리즘반 활동", https://dadoc.or.kr/2784, 2020.1.5.

3. 또래가 또래에게 말하면 더 효과적이다

구산중학교의 '청소년 저널리즘 동아리'의 수업시간에는 특이한 광경을 볼 수 있습니다. 선생님이 아니라 학생들이 교단에 서서 수업을 해요. "이렇게 자극적 제목을 쓰는 건 '어그로'라고 해요. 아무 내용이 없어요." 3학년 김유진 학생이 내용 없는 기사에 대해 2학년 후배들에게 설명하면서 해준 말이에요.

3학년 조유나 학생은 '너 그거 들었어?'라는 주제로 2학년 후배들 앞에서 강연을 했어요. "뉴스가 없다면 세상이 어떻게 될까?"라고 묻자 학생들의 답변이 쏟아졌어요.[6] 공부하는 학생들은 또래의 시선으로 가르쳐주니 이해하기 쉽고. 가르치는 학생들도 공부를 더 하게 되니, 일석이조의 교육법이에요.

구산중 청소년 저널리즘 동아리 수업시간, 조유나 학생이 강의하고 있다.

6 김준경, "낚시 기사는 중학생에게 어그로다", 미디어오늘, 2020.03.01.

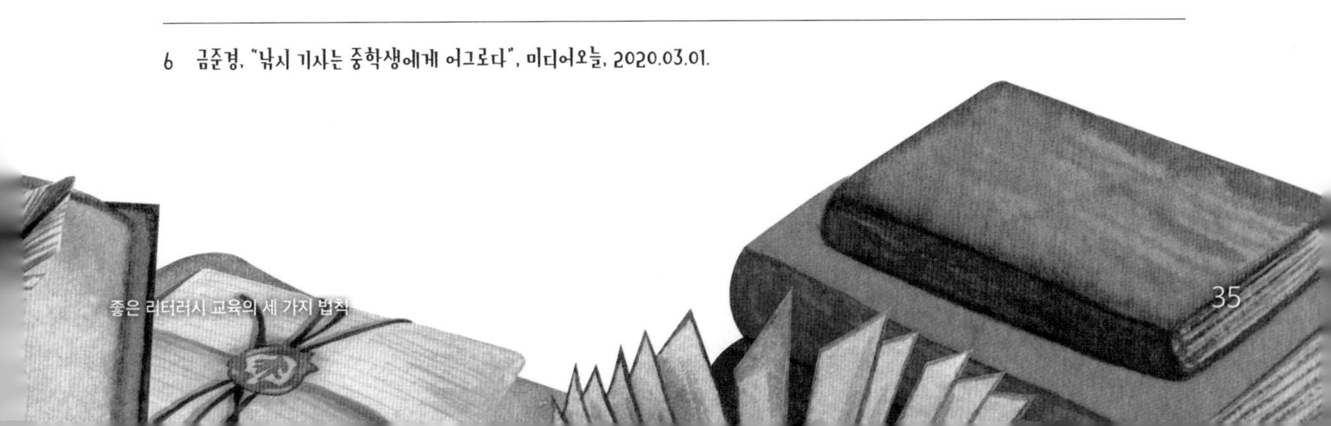

광주시청자미디어센터에서도 비슷한 방식의 교육이 이루어지고 있습니다. 광주지역 노인 미디어봉사단을 이끌고 있는 72세 송헌기 단장님은 포토샵부터 일러스트까지, 새로운 툴이 나올 때마다 먼저 써보고 연구한 다음 직접 동년배 어르신들께 가르쳐줘요.

"젊은 선생님들이 더 유능하겠지. 하지만 알아듣게 얘기하는 건 달러. 젊은 선생들은 책에 있는 그대로 해. 교육 끝나면 듣긴 한 거 같은데 뭘 하려면 잘 못하겠다고 하는 거지. 나는 풀어서 설명하니께 나이 드신 분들이 하시는 이야기가 '당신처럼 설명해주는 사람이 없다'고 하는 거야. (예컨대) 폴더라고 아무리 말해도 몰러. 그래서 석작(바구니)이라고 하는 것이제. 오브젝트를 오브젝트라고 하면 안 돼. 아휴 어르신들 옛날 스케치북 알잖아요 그거여요. 아트보드? 그거는 도화지입니다 이러면 '응 도화지여?'라고 해. 눈높이에 맞게 서로 소통이 될 수 있는 단어를 써야 해."[7]

잘 모르는 문제를 공부 잘하는 친구가 알려줘서 쉽게 풀었던 적 있나요? 선생님들이 알려줄 때는 이해할 수 없었는데 말이에요. 그만큼 미디어 리터러시에서 중요한 건 교육 받는 사람에 대한 공감과 이해에요. 세 가지 원칙 모두 '어떻게 하면 더 잘 이해할 수 있을까'에 초점이 맞춰져 있어요. 이제 이 원칙들을 바탕으로 부모님, 친구들과 함께할 수 있는 나만의 미디어 리터러시 커리큘럼을 만들어보는 건 어떨까요?

7 금준경, ""죽을 때까지 배워야 해" 포토샵 배우는 어르신", 미디어오늘, 2020.05.11.

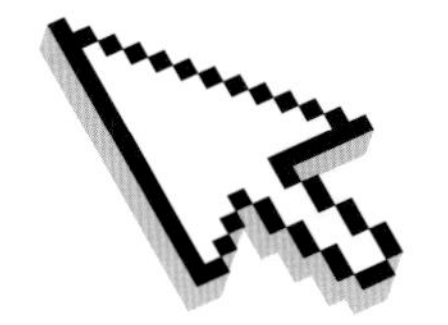

디지털 네이티브의 삶, 100% 즐기기

과제부터 팩트체크까지, 뭐든 찾을 수 있는 검색 꿀팁 노하우

글 금준경 미디어오늘 기자

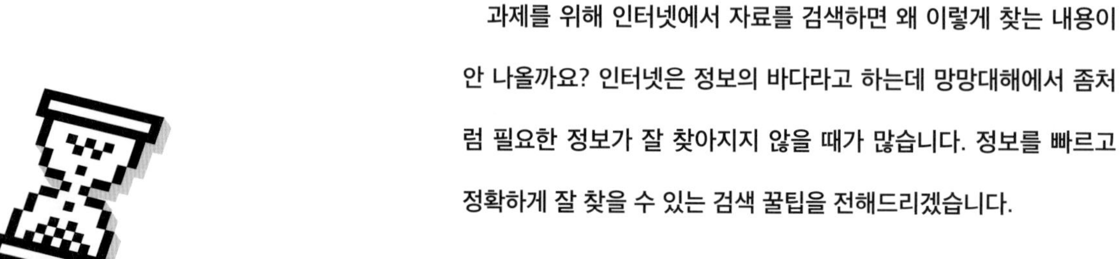

과제를 위해 인터넷에서 자료를 검색하면 왜 이렇게 찾는 내용이 안 나올까요? 인터넷은 정보의 바다라고 하는데 망망대해에서 좀처럼 필요한 정보가 잘 찾아지지 않을 때가 많습니다. 정보를 빠르고 정확하게 잘 찾을 수 있는 검색 꿀팁을 전해드리겠습니다.

내가 찾고 싶은 기사 잘 찾는 방법

과제를 위해 언론 기사를 검색해야 할 때가 있습니다. 그런데 알맹이 없는 비슷비슷한 기사가 쏟아져서 난감할 때가 있어요. 이럴 때는 구글보다는 네이버, 다음과 같은 포털을 이용하는 게 좋습니다. 포털에는 뉴스만 모아놓는 뉴스탭이 따로 있어서, 여기서 기사에 필요한 키워드를 검색하면 돼요. 간혹 블로그에 퍼온 기사를 과제에 인용하는 경우가 있는데, 퍼오는 과정에서 수정을 했을지도 모르니 꼭 원본을 찾아야 해요.

네이버 '뉴스탭'에서 아무 키워드나 검색하면 검색창 아래에서 다양한 설정을 찾을 수 있어요. '옵션'란을 보면 '정렬' '기간' '영역' '유형' '언론사' '기자명' 등을 나눠 검색할 수 있어요. 옛날 기사를 찾아보고 싶으면 '기간'을 과거 시간대로 설정하고, 특정 언론사를 따로 선택해 검색할 수도 있습니다. 믿을 수 있는 언론사를 선택해서 검색하거나, 성향이 다른 언론사 몇 곳을 선택해 검색 결과를 비교해보면 도움이 될 거예요.

그리고 오른쪽 '상세검색'을 누르면 비슷비슷한 검색 결과 사이에서 꼭 필요한 정보를 좁혀서 찾아낼 수 있어요. 예컨대 '조류'를 찾는데 그 중에서 '비둘기'를 꼭 포함하는 기사

를 검색하고 싶다면 '조류+비둘기'라고 검색하면 됩니다. 반대로 '조류' 중에서 '까치'는 제외 한 기사를 검색하고 싶다면 '조류-까치'라고 검색하면 돼요. 더하기와 빼기로 무엇을 포함하고 제외할지 정할 수 있는 거죠. 검색을 했을 때 검색 키워드와 비슷한 내용들이 같이 뜨곤 하는데, 정확히 내가 원하는 문장이 포함된 기사를 찾고 싶을 때는 내가 찾으려는 문장에 쌍따옴표를 치고 검색하면 돼요.

* 네이버 기사 검색 TIP! *

#1. '비둘기'를 꼭 포함해서 '조류'를 검색하고 싶을 때?

©Naver

N 조류+비둘기

#2. 조류 중에서 '까치'를 제외하고 검색하고 싶을 때?

N 조류-까치

#3. '새가 하늘을 난다'는 문장이 포함된 기사를 검색하고 싶을 때?

N "새가 하늘을 난다"

언론 기사의 전반적인 흐름을 살펴보고 싶으면 빅카인즈(www.bigkinds.or.kr)라는 사이트에 접속해서 검색하는 방법도 있어요. 개별 언론기사 내용 뿐 아니라 여러 기사들을 빅데이터로 분석해서 이슈에 따라 어떤 연관성이 있는지 살펴볼 수 있는 사이트입니다.

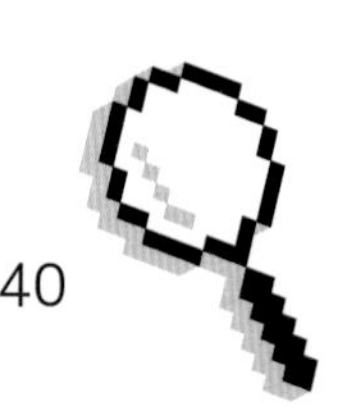

이미지도 검색할 수 있다

길에서 어떤 꽃을 봤는데, 이 꽃이 무슨 꽃인지 알고 싶을 때가 있어요. 그럴 때는 사진을 찍어 이미지 검색을 하면 정보를 찾을 수 있어요. 구글에 접속해 아무 키워드나 검색한 다음 이미지 탭을 누르면 검색창 오른쪽에 카메라 모양의 아이콘이 보여요. 이 아이콘을 클릭한 다음 '이미지 업로드' 창을 통해 검색을 할 수 있습니다. 내가 가진 사진 파일을 업로드하면 사진과 비슷한 모양의 이미지가 검색돼요.

* 구글 이미지 검색 방법 *

구글 접속 -> 아무 키워드나 검색 -> 이미지탭 접속 -> 카메라 아이콘 클릭

©Google

Google 이미지

전체 이미지 동영상 뉴스 지도 더보기 설정 도구

이미지 검색을 통해 가짜뉴스에 대한 팩트체크를 해볼 수도 있어요. 강원도에서 큰 산불에 난 직후에 페이스북에 '소방관의 손'이라는 제목의 사진이 급속도로 퍼진 적이 있어요. 소방관 손에 동전 크기 만한 물집이 잡힌 사진인데 사람들은 이 사진을 공유하며 소방관에게 감사를 표했어요.

그런데 이 사진이 정작 언론에서는 거의 다뤄지지 않았고 출처도 불분명했어요. 뭔가 이상하다는 느낌이 들어서 구글에서 이미지 검색을 해보니 중국어로 된 검색결과가 쏟아졌어요. '기간'을 과거 순으로 정렬해봤더니 최초 출처가 중국 사이트였습니다. 알고 보니 중국 소방관의 손이었던 거죠. 이런 식으로 출처가 불분명한 이미지가 있으면 '이미지 검색'을

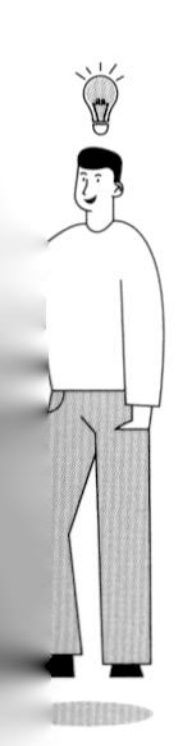

한 다음, 이 이미지가 최초로 올라온 때가 언제인지 살펴보면서 팩트체크를 할 수 있어요.

키워드를 넣어서 이미지를 찾을 때도 있죠? 이럴 때 활용할 수 있는 꿀팁도 많아요. '나뭇잎'을 검색하면 여러 나뭇잎 이미지가 뜨는데 검색창 주변에 있는 '설정' 버튼을 누른 다음 '고급검색' 버튼을 누르면 색깔별, 국가별, 심지어 이미지 확장자별로 검색할 수 있어요. 영국의 노란 단풍잎을 보고 싶다면 '노란색' '영국'으로 세부설정을 지정해 검색하면 되겠죠?

* 구글에서 필요한 이미지만 골라내는 방법 *

키워드 검색 -> 이미지 탭 -> 설정 -> 고급검색 -> 색상, 지역, 확장자 등 세부 검색

©Google

Google
이미지
전체 이미지 동영상 뉴스 지도 더보기 설정 도구

Google

이미지 고급검색

다음 기준으로 이미지 검색...

다음 단어 모두 포함: 이미지
다음 단어 또는 문구 전체 포함:
다음 단어 중 하나 이상 포함:
다음 단어 제외:

다음 기준으로 검색결과 좁히기...

이미지 크기: 모든 크기
가로/세로 비율: 모든 가로/세로 비율
이미지의 색상: 모든 색상 칼라 흑백 투명 선택 색상:

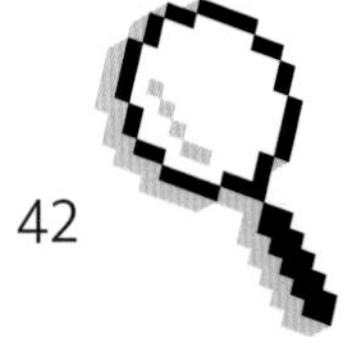

책을 다 읽지 않고 필요한 내용을 찾는 방법

구글의 다양한 설정을 활용해서 검색하면 내가 원하는 정보, 심지어 책 내용도 찾아낼 수 있어요. 구글 검색창에 아무 키워드나 검색한 다음, 검색창 아래를 보면 '도서'라는 항목이 있어요. 클릭하면 책 내용을 검색할 수 있어요. 물론 모든 책의 내용을 샅샅이 볼 수 있지는 않지만 구글에서 제공하는 책과 일부 미리보기를 제공하는 책은 이렇게 내용을 확인할 수 있습니다.

* 구글링 TIP! *

#1. 조류 관련 PPT 자료를 검색하고 싶을 때?

©Google

Google | filetype:ppt 조류

#2. 반드시 제목에 '까마귀'가 들어간 사이트를 검색하고 싶을 때?

Google | intitle 까마귀

#3. 검색 일부 내용이 기억나지 않을 때?

Google | 까*귀

#4. 특정 사이트 내에서 검색하고 싶을 때?

Google | site:www.mediatoday.co.kr 까마귀

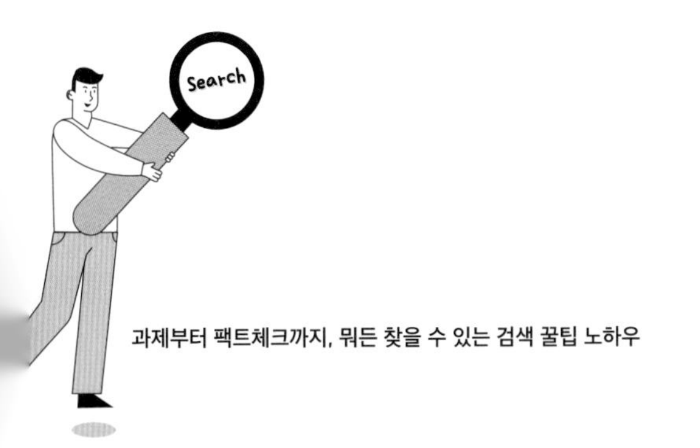

특정한 유형의 파일을 찾고 싶다면 구글에서 내가 찾고자 하는 키워드를 쓴 다음 'filetype:pdf' 'filetype:ppt' 이런 식으로 확장자별로 검색을 할 수 있어요. 반드시 제목에 포함된 단어를 찾고 싶으면 'intitle'을 쓴 다음 검색 키워드를 치면 됩니다.

검색하고자 하는 단어가 일부 기억나지 않을 때는 '*'을 쓰면 돼요. '주니어미디어오늘'을 검색하려 하는데 '주니어'라는 단어가 기억나지 않으면 '***미디어오늘'이라고 검색하면 되요. 또 특정 사이트 내의 검색결과를 찾으려면 검색 키워드를 쓴 다음 'site:www.mediatoday.co.kr' 이런 식으로 쓰면 쉽게 정보를 찾을 수 있어요.

유튜브 A to Z

나를 지키는 유튜브 '100% 활용법'

글 금준경 미디어오늘 기자

"알고리즘이 나를 여기로 인도했어." 유튜브를 이용하다 보면 이런 댓글을 많이 찾아볼 수 있죠. 그런데 이 알고리즘은 도대체 어떤 원리로 나를 인도하는 걸까요. 이 과정에서 우리를 스토킹하고 있다는데, 가만히 있어도 될까요? 유튜브에서 콘텐츠를 제작하는 과정에서 지켜야 할 규칙은 무엇일까요. 유튜브를 제대로 이용하는 '100% 활용법'을 알려드릴게요.

챕터1. 유튜브의 스토킹 막으려면?

유튜브가 콘텐츠를 추천하는 원리는?

유튜브는 한번 접속하면 빠져나오기 힘든 개미지옥 같아요. 첫 화면부터 내가 좋아할 만한 영상을 보여주고, 영상을 시청할 때는 추천 영상을 띄워주고, 영상을 보고 나서는 자동으로 내가 좋아할 만한 영상이 재생되죠. 또 내가 관심을 갖는 분야에 대한 광고를 족집게처럼 골라서 추천해주고 있어요.

유튜브에선 "알고리즘이 나를 여기로 인도했다"는 말이 유행어처럼 쓰이곤 하죠. 유튜브 덕에 우리에게 생소했던 '알고리즘'이라는 표현이 언제부턴가 익숙하게 느껴지게 됐어요. 알고리즘은 원래 특정한 문제를 풀기 위한 공식이나 절차를 뜻하는데, 인터넷 기업들은 알고리즘을 바탕으로 자동화된 시스템을 마련하고 있어요. 유튜브 서비스 전반에는 콘텐츠와 광고를 개인 맞춤형으로 추천하는 알고리즘이 작동하고 있습니다.

유튜브는 어떻게 나보다 나를 더 잘 아는 걸까요? 유튜브가 영상을 추천하는 주요한 원리를 들여다볼 필요가 있어요. 우선, 당연히 내가 구독한 채널의 영상을 적극적으로 보여주겠죠? 유튜브에서 특정 채널 구독을 누르고 나면 직후부터 관련 영상이 첫 화면에 자주 뜹니다. 그리고 나의 관심사를 파악해 내가 좋아할 만한 영상을 우선적으로 추천하고 있어요. 나와 같은 채널을 구독하는 사람들이 좋아하는 영상도 내가 좋아할 가능성이 높으니 내 눈에 잘 띄게 추천해주고요.

유튜브가 추천하는 영상

1. 내가 구독한 채널의 영상
2. 나와 같은 채널을 구독하는 사람들이 선호하는 영상
3. 내 관심사와 일치하는 영상
4. 나와 같은 관심사를 가진 사람들이 즐겨본 영상
5. 사람들이 초반에 시청을 끊지 않고 오래 시청한 영상
6. 참여도와 만족도가 높은 영상

유튜브는 영상을 '어떻게' 봤는지도 알고리즘에 반영하고 있어요. 5분짜리 영상을 5초만 보다 껐는지, 아니면 몰입해서 끝까지 봤는지 파악하는 식이죠. 그래서 가중치를 둬서 사람들에게 추천해요. 단순히 조회수가 높은 영상 뿐 아니라 시청자의 참여도와 만족도가 높은 영상도 적극적으로 추천하고요.

구글이 나를 스토킹한다?

유튜브가 알고리즘을 통해 콘텐츠를 추천하려면 '재료'가 필요할 텐데, 이 재료는 어디서 어떻게 모으는 걸까요? 눈밭에서 발걸음을 옮기면 그때마다 발자국이 남잖아요. 우리가 인터넷에서 하는 활동 하나하나가 발자국처럼 남는데, 유튜브와 모기업인 구글은 이를 기록했다가 영상과 광고 추천에 활용하고 있어요. 우리도 모르는 사이에 우리를 미행해서 뒷조사를 한 것과 비슷해요.

구글과 유튜브가 가져가는 우리의 정보

1. 검색 기록
2. 시청·열람 기록
3. 위치정보
4. 기타 앱을 통한 활동 정보

유튜브와 구글은 어떤 정보를 가져가고 있을까요. 우선 구글은 우리의 '검색 기록'을 갖고 있어요. 우리가 유튜브를 비롯한 구글 서비스 전반에서 언제 어떤 키워드를 검색했는지 일일이 기록하고 있는 거죠. 그 결과 구글에서 '힙합'을 주로 검색하는 이용자가 '음악'을 검색하면 '힙합' 음악 관련 사이트나 영상을 우선적으로 추천해요.

우리가 영상을 시청하고 사이트를 열람한 기록도 남아요. 구글에서 어떤 사이트를 주로 열어봤는지, 유튜브에서 우리가 주로 시청하는 영상은 어떤 영상인지 알고 있는 거죠. 우리가 어떤 영상을 몇분 몇초까지 봤는지도 알고 있어요. 이 데이터를 바탕으로 사람들이 오랫동안 보는 영상을 더 추천하고, 짧게 보는 영상을 눈에 잘 안 띄게 하는 거죠.

또한 구글은 우리가 어디에 있는지를 나타내는 '위치정보'도 갖고 있어요. 구글이나 유튜브를 켜놓지 않더라도 스마트폰 위치 정보를 켜 놓으면 어느 지역에 있는지 주기적으로 위치 정보를 저장하고 있어요. 이를 통해 지역을 바탕으로 검색 결과와 광고를 제공하고 있어요. 내가 주로 축구장에 들른다면 나를 '축구를 좋아하는 사람'으로 규정하고 관련 광고와 콘텐츠를 적극적으로 추천해요.

구글은 이 외의 정보도 다방면으로 수집을 하고 있어요. 구글지도, 구글플레이 등 구글의 여러 서비스는 물론이고 권한이 허용된 다른 애플리케이션에 남긴 우리의 발자국도 기록하고 있어요. 배달앱에서 치킨을 자주 검색했다면 유튜브에서 치킨 광고를 띄우는 식이죠.

내가 어떤 사람인지 프로파일링한다?

미드를 보면 '프로파일러'가 등장해 사건을 해결하는 장면이 나오죠? 프로파일러들은 범인이 남긴 흔적을 통해 범인이 어떤 성격인지, 어떤 직업인지, 어떤 색깔의 차를 타고 다니는지까지 알아내곤 해요.

구글도 우리를 프로파일링하고 있다는 사실을 아시나요? 구글에 로그인해서 '계정'을 클릭하고, '데이터 및 맞춤 설정 관리'에 접속한 다음 '광고 설정 이동'을 누르면 구글이 나를 프로파일링하고 있는 현황을 알 수 있어요.

구글은 이 데이터를 바탕으로 우리가 어떤 사람인지 프로파일링까지 했던 거예요. 나이는 어떻게 되는지, 성별은 무엇인지, 학력을 어떻게 되는지 등 간단

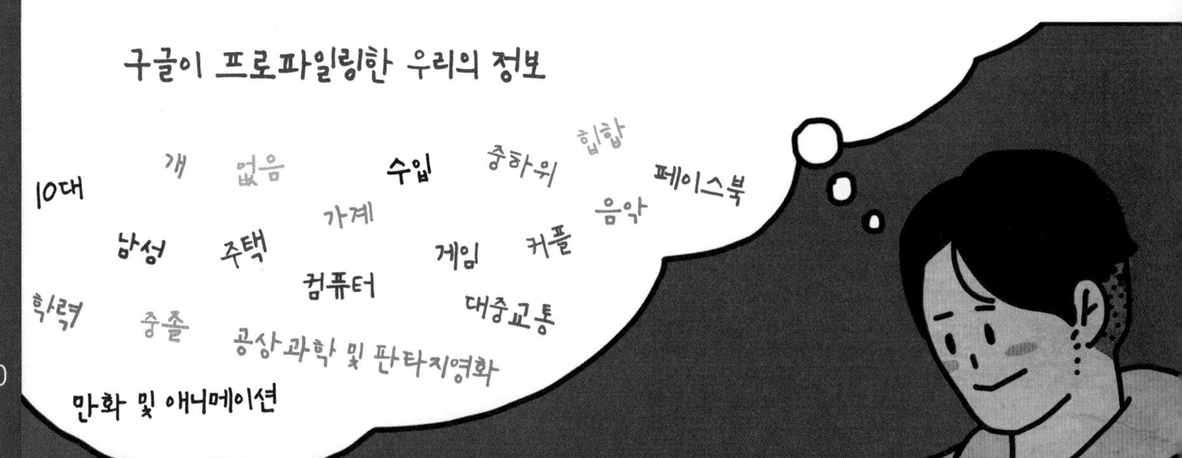

한 정보는 물론이고 연애 상대가 있는지 어떤 음악을 즐겨 듣고, 어떤 게임을 즐겨 하는지, 학교에는 주로 대중교통을 타고 가는지, 심지어는 내가 돈을 얼마나 버는지까지 추정하고 있어요. 소름이 끼치지 않나요?

구글은 왜 우리를 프로파일링하고 있는 걸까요. 바로 광고 추천에 활용하기 위해서라고 해요. PC게임 업체인 광고주가 유튜브에 광고를 할 때 'PC게임을 좋아하는 10대'에게 노출해달라고 주문하면 유튜브는 이 범주에 맞는 이용자들에게만 광고 노출을 하는 거죠. 물론 프로파일링 데이터는 어디까지나 추정 데이터다보니 맞는 내용도 있고, 그렇지 않은 내용도 있는데요. 기술이 점점 발전하면 나의 민감한 정보까지 완벽하게 알아맞히는 날이 올지도 모르겠어요.

유튜브에 발자국 남기지 않으려면?

나도 모르는 사이에 내 정보가 수집되고, 심지어 나를 프로파일링까지 하고 있다는 걸 알게 되니 기분이 나쁘지 않나요? 유튜브는 우리의 정보를 무분별하게 가져가고 있지만 동시에 정보 수집을 관리하고 통제하는 장치도 마련하고 있어요.

우선 유튜브에서 **'시크릿 모드'**를 켜면 유튜브는 검색 정보 수집을 일시적으로 중단해요. '시크릿 모드'를 작동하려면 유튜브 화면 오른쪽 상단 프로필 사진을 탭한 다음 '시크릿 모드 사용'을 클릭하면 돼요. '시크릿 모드'는 이용자를 '비로그인' 상태로 간주하기에 영상을 올리거나 댓글을 쓸 수는 없어요. 유사한 기능으로 **'기록 일시정지'**도 있어요. 이 기능을 쓰면 동영상 시청 기록과 검색 기록이 맞춤 동영상과 검색 결과에 영향을 주지 않아요.

이런 기능은 내 기록을 남기고 싶지 않거나 맞춤형 영상 추천 기능 탓에 유튜브에서 좀처럼 헤어나올 수 없을 때 쓰면 좋아요. 학교에서 과제를 할 때처럼 내 관심사와는 무관한 영상을 찾아봐야 할 때 '시크릿 모드'를 켜거나 '기록 일시중지'를 하면 영상 추천의 질이 떨어지지 않을 수 있어요.

구글·유튜브에 남긴 발자국 관리하기

유튜브 시크릿 모드 활용

기록 일시중지

유튜브 동영상 시청 기록 삭제

유튜브 검색 기록 삭제

유튜브 시청기록 수집 비활성화

유튜브 검색 기록 수집 비활성화

웹 및 앱 활동 수집 비활성화

위치기록 수집 비활성화

광고 개인 최적화 비활성화

유튜브에서는 다양한 기록을 삭제할 수도 있습니다. 유튜브 화면 왼쪽 상단에 유튜브 로고 옆에 3줄 짜리 버튼이 있는데요. 이 버튼을 '가이드'라고 불러요. '가이드'를 누른 다음 시계 모양으로 생긴 '기록 버튼'을 클릭하면 검색 기록, 시청한 영상 기록, 댓글, 채팅 내역 등을 삭제할 수 있어요.

이번에는 오른쪽 상단으로 시선을 옮겨볼게요. 이 곳에는 프로필 이미지가 보일 거예요. 프로필 사진을 클릭한 다음 '설정' 버튼을 누르면 개인정보와 관련한 다양한 설정을 할 수 있어요. '설정'란 하단에 '내 계정' 페이지에 'Google 계정 설정 보기 또는 변경' 설정이 뜨는데요. 이 설정을 클릭하면 '개인정보 보호 및 맞춤설정' 페이지로 연결돼요. 여기서 '활동 제어'란을 보면 유튜브 기록, 웹 및 앱 활동, 위치 기록 등의 비활성화 여부를 체크할 수 있어요.

©Google

다시 '데이터 및 맞춤설정' 페이지로 돌아와서 아래로 스크롤을 내리면 '광고 개인 최적화'란이 있어요. 이 화면에서 '광고 설정으로 이동' 링크를 클릭하면 '광고 개인 최적화'를 비활성화할 수 있어요. 그러면 개인 맞춤형 광고 추천이 중단돼요. 특정 광고주의 광고를 거부하거나 보고 싶지 않은 광고를 지정해 삭제할 수도 있어요.

챕터2 유튜브 가짜뉴스에 당하지 않으려면?

유튜브에 왜 가짜뉴스가 많은 걸까?

유튜브는 가짜뉴스의 온상이라는 비판을 받고 있어요. 유튜브는 방송사와 달리 누구나 자유롭게 콘텐츠를 만들어 올릴 수 있는 장점이 있죠. 하지만 언론인들이 사실 검증 절차를 거쳐 뉴스를 만드는 방송사와는 달리 유튜브에는 누구의 검증도 받지 않는 콘텐츠가 올라와서 사실이 아닌 내용도 마구 쏟아내는 문제가 벌어지기도 해요. 한국언론진흥재단에서 2018년 발간한 '미디어이슈' 보고서에 따르면 유튜브 이용자의 34%가 '허위·가짜뉴스로 판단되는 동영상'[1]을 봤거나 전달 받은 걸로 나타났어요.

왜 유튜브는 가짜뉴스를 다 지우지 않는 걸까?

만약 여러분이 유튜브라면 어떻게 가짜뉴스를 막을까요? 가짜뉴스를 지우면 문제가 해결될 거 같은데요. 유튜브는 일부 가짜뉴스에 적극적으로 대응하고

---

1 사실이 아닌 정보를 흔히 가짜뉴스라 부르는데 이 표현이 개념을 정확히 전달하지 못하는 문제가 있다. 가짜와 진짜가 아니라 정보의 내용이 허위인지 아닌지가 중요하고 정보의 속성이 '뉴스'가 아닌 경우도 많기 때문이다. 이런 개념의 모호함으로 인해 자신에게 불리하면 가짜뉴스로 치부하는 정치인이 많아지기도 했다. 그래서 학계에서는 허위정보라는 표현을 쓰고 정부는 허위조작정보라는 표현을 쓴다. 하지만 이미 많은 사람들이 가짜뉴스라는 표현에 익숙해져서 다른 표현을 쓰면 의미 전달이 되기 않기에 <주니어미오>도 가짜뉴스라는 표현을 사용하기로 했다.

있어요. 특정한 허위사실을 유포해서 누군가에 대한 혐오나 증오를 야기할 경우, 또는 코로나19 국면에서 허위 정보로 방역에 부정적인 영향을 미칠 경우 등이 해당됩니다.

그런데 유튜브가 모든 종류의 가짜뉴스에 대응하고 있지는 않아요. 영상을 올릴 때마다 사실인지 아닌지 일일이 파악을 하면 좋겠지만 지금 이 시간에도 전 세계에서 수 많은 영상이 올라오고 있잖아요. 모든 영상의 내용이 사실인지 아닌지 실시간으로 파악하는 건 사실상 불가능합니다.

사실인지 아닌지 명확하지 않은 경우도 많아요. '저탄고지 다이어트가 효과가 있다'는 말은 사실일까요, 아닐까요? 어떤 방송에서는 '효과가 있다'고 하는데, 또 다른 방송에서는 '효과가 없다'고 했죠.

박근혜 전 대통령을 탄핵시킨 국정농단 사건도 처음에는 박근혜 전 대통령이 부인했었죠. 만약 유튜브에서 사실이 아니라고 생각해서 영상을 삭제했는데, 알고 보니 뒤늦게 사실로 드러나면 유튜브가 사람들의 목소리를 탄압했다는 비판을 피하기 힘들겠죠?

유튜브가 신뢰하는 언론이 따로 있다?

그래서 유튜브는 가짜뉴스를 찾아 삭제하는 것 외에 다른 방법을 찾았어요. 유튜브는 신뢰할 수 있는 영상을 우선적으로 사람들 눈에 잘 띄게 배열하는 방식으로 가짜뉴스에 대응하고 있어요. 우리가 '코로나19' 정보를 검색했을 때 '신뢰를 할 수 있는 정보'부터 우선적으로 보여주고 있는 거죠.

여기서 신뢰할 수 있는 정보는 언론사의 정보를 말해요. 그 중에서도 더욱 믿을 수 있는 언론사에 높은 점수를 부여해서 다른 영상보다 눈에 잘 띄도록 하고 있어요. 한국에서는 정보를 검색할 때 연합뉴스, KBS, YTN의 뉴스가 먼저 보이도록 하고 있다고 해요. 유튜브는 전세계적으로 그 국가에 비공식적인 평가자들을 두고 이들의 평가에 따라 신뢰할 수 있는 언론사 순위를 정하고 있어요. 해당 채널이 특정 뉴스와 관련해 얼마나 신뢰할 수 있는 기록을 쌓아왔는지를 우선적으로 고려한다고 해요.

유튜브의 이 같은 정책을 비판하는 사람도 있어요. 미국에선 다름 아닌 유튜버들의 반발이 있었어요. 유튜브는 개인 유튜버들이 자유롭게 영상을 올리는 공간으로 주목을 받았는데 개인 유튜버들보다 언론사 기업을 우대해주니 유튜버들이 불만을 느끼는 거죠. 하지만 유튜브는 가짜뉴스 문제에 대응하기 위해서는 공신력 있는 정보를 우선적으로 배열해야 한다면서 이 원칙을 고수하고 있어요.

유튜브에 위키백과가 뜨는 이유는?

가짜뉴스 문제에 대응하기 위해 유튜브는 '정보 패널' 기능도 선보이고 있어요. 정보 패널은 특정 키워드를 검색하거나 특정 소재의 영상을 볼 때 검색 결과 또는 영상 아래에 위키백과 사전 내용을 띄우는 서비스를 말합니다. 신뢰할만한 정보를 제공하면서 이용자의 판단을 돕겠다는 취지에서 도입한 기능이라고 해요. 현재 세계 6개 나라에서만 이 서비스를 선보이고 있고, 한국은 세계에서 두 번째로 이 기능이 도입됐어요.

예를 들어 유튜브에서 5·18 민주화운동을 검색했을 때 관련 영상 하단에 "조속한 민주정부 수립, 전두환 보안사령관을 비롯한 신군부 세력의 퇴진 및 계엄령 철폐 등을 요구하며 전개한 대한민국의 민주화운동"이라는 문구가 나옵니다. 이 외에도 세월호 참사, 아폴로 계획, 코로나19 등 키워드를 검색할 때 정보패널이 뜹니다.

©Google

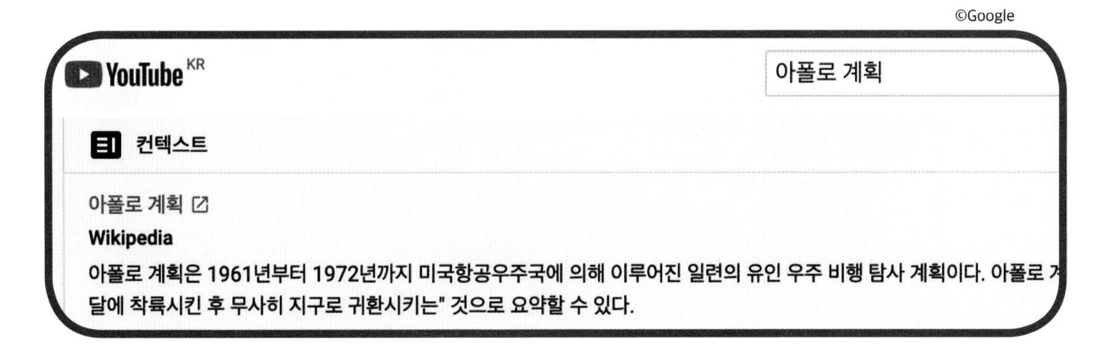

그러니 정보패널이 뜨는 정보는 영상 속 내용을 그대로 믿기 보다는 사전의 정의를 찬찬히 살펴보면서 신중하게 생각할 필요가 있어요.

팩트체크 기사 찾아보는 방법

가짜뉴스로 의심되는 정보를 발견했을 때는 정보를 직접 검증해볼 필요도 있어요. 언론에서 팩트체크를 했다면 팩트체크 영상을 유튜브에서 찾아보면 되겠죠? 언론사에서 팩트체크를 한 기사들만 따로 찾아볼 수도 있는데요. 포털에서 'SNU팩트체크'라고 검색하면 여러 언론사들이 팩트체크한 결과를 함께 보여주는 서비스가 있어요.

서울대학교 언론정보연구소 웹페이지

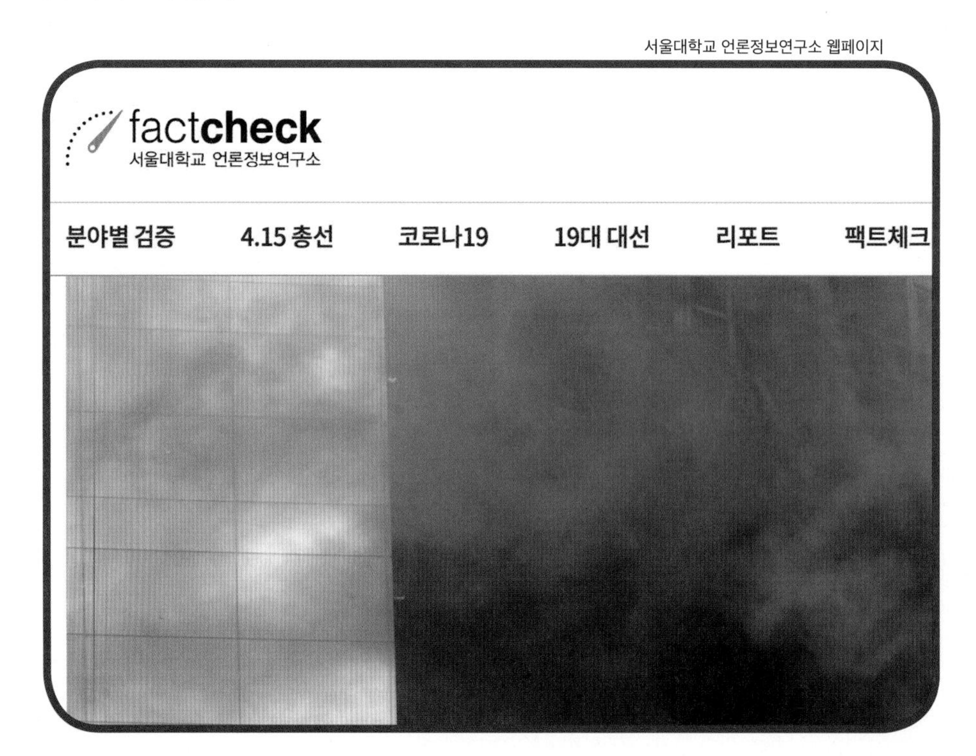

챕터3. 유튜브에서 안전하게 콘텐츠 제작하려면?

유튜브가 콘텐츠를 심의하는 기준이 있다?

여러분 주변에는 유튜브를 하는 친구가 있나요? 선생님들께 물어보니 한 반에 1~2명 정도는 유튜브를 열심히 하는 학생이 있다고 하더라고요. 영상을 매일 같이 올리지 않더라도 유튜브 계정을 만들고 영상을 올려본 학생들은 그보다 많고, 점점 늘어나고 있다고 해요.

지금부터는 유튜브에서 영상을 만들어 올리고, 채널을 관리하는 과정에서 어떤 점을 중점적으로 살펴야하는지 설명할게요. 무턱대고 유튜브에 영상을 올리기 전에 영상에 대한 유튜브의 '규칙'인 커뮤니티 가이드라인을 이해할 필요가 있어요. 가이드라인을 이해하는 건 단순히 제재를 피하기 위해서가 아니라 우리가 올리는 콘텐츠가 '좋은 콘텐츠'인지 아닌지 판단하는 잣대이기 때문이에요.

커뮤니티 가이드라인 살펴보니

우선 유튜브에 과도한 노출이나 성적인 콘텐츠, 폭력적인 영상을 올려서는 안 돼요. 이런 항목들은 유튜브 뿐 아니라 모든 미디어에서 비슷하게 적용되고 있는 규칙이라고 할 수 있어요.

©Google

규칙 및 정책

커뮤니티 가이드

스팸 및 현혹 행위	민감한 콘텐츠	폭력적이거나 위험한 콘텐츠	규제 상품
허위 참여	아동 보호	괴롭힘 및 사이버 폭력	총기류가 등장하는 콘텐츠
명의 도용	맞춤 미리보기 이미지	유해하거나 위험한 콘텐츠	불법 또는 규제 상품 판매
콘텐츠에 포함된 링크	과도한 노출 및 성적인 콘텐츠	증오심 표현	
스팸, 현혹 행위, 사기	자살 및 자해 행위	폭력 범죄 조직	
		폭력적이거나 노골적인 콘텐츠	

반면에 우리가 문제 없다고 생각할 수 있지만 주의해야 할 표현도 있어요. 특히 유튜브에서는 '유해한 콘텐츠'뿐 아니라 '위험한 콘텐츠'도 규제하고 있어요. 위험한 콘텐츠는 누군가가 따라할 수 있는 위험한 시도를 담은 영상을 말해요. 미국에서는 세탁 세제를 먹는 영상이 챌린지가 되는 등 위험한 시도를 따라하는 유행이 번지면서 이런 규제가 만들어졌어요.

유튜브는 '증오성 콘텐츠'도 규제하고 있습니다. 한 마디로 혐오표현에 대한 규제라고 할 수 있어요. 유튜브는 증오성 콘텐츠로 특정 인종이나 민족, 종교, 장애, 성별, 연령, 국적, 군필여부. 성적지향, 성정체성에 따라 개인이나 그룹에 대해 폭력을 선동하거나 증오를 조장하는 콘텐츠를 올려선 안 된다고 규정하고 있어요.

예를 들어 여성을 '김치녀'라고 부르거나 장애인을 비하하는 표현을 쓰면 제재를 당할 수 있어요. 이런 표현들은 특정한 사람이나 그룹에 대해 편견을 부추기고, 실제 차별적인 행동으로 이어질 수 있기 때문에 주의하도록 하고 있어요.

유튜브는 비슷한 맥락에서 '괴롭힘 콘텐츠'와 '위협 콘텐츠'도 금지하고 있어요. 누군가를 괴롭히기 위한 영상을 올리거나 댓글을 써서도 안 되고요. 특정인을 향해 협박하거나 위협하는 '위협 콘텐츠'를 올려서도 안 돼요.

유튜브는 또 '아동보호'를 강조하며 관련 심의를 까다롭게 하고 있어요. 유튜브에 등장하는 14세 미만 어린이들을 성적으로 보이게 하거나, 어린이에게 정신적 고통을 유발하거나, 어린이를 괴롭히는 등 어린이를 대상으로 한 가이드라인 위반에는 강력하게 대응하고 있어요. 부모가 어린 자녀를 유튜버로 만들면서 과도한 요구를 하는 등 어린이 유튜버 관련 논란이 세계적으로 벌어지면서 아동 보호를 위한 심의가 강화됐어요.

유튜브는 가이드라인 위반 소지가 있는 콘텐츠에는 광고가 붙지 않도록 해 수익창출을 제한해요. 경고 표시가 노란색이라서 유튜버들은 이 표시를 '노란딱지'라 불러요. 커뮤니티 가이드라인 위반 정도가 심각해 영상이 삭제되면 그 채널은 '주의'를 받게 돼요. 이어서 같은 문제가 반복되면 채널 계정이 삭제되기도 해요.

한 유튜버의 유튜브 채널은 지속적인 증오발언으로 가이드라인을 위반해 채널이 삭제됐는데요. 이후 새로 채널을 만들 때마다 유튜브가 다시 삭제하고 있어요.

유튜브는 어떤 영상을 얼마나 지울까?

유튜브는 영상을 어떻게 심의하고 있을까요. 유튜브에는 1분에 수백시간 분량의 영상이 올라온다고 해요. 유튜브는 인공지능이 1차적으로 심의를 하고, 사람이 추가적으로 심의를 하고 있어요. 인공지능이 학습을 통해 가이드라인에 위반하는 콘텐츠를 즉각적으로 감지하기 때문에 대부분의 영상은 많은 사람들에게 노출되기 전에 인공지능이 즉각적으로 삭제하고 있어요.

©Google

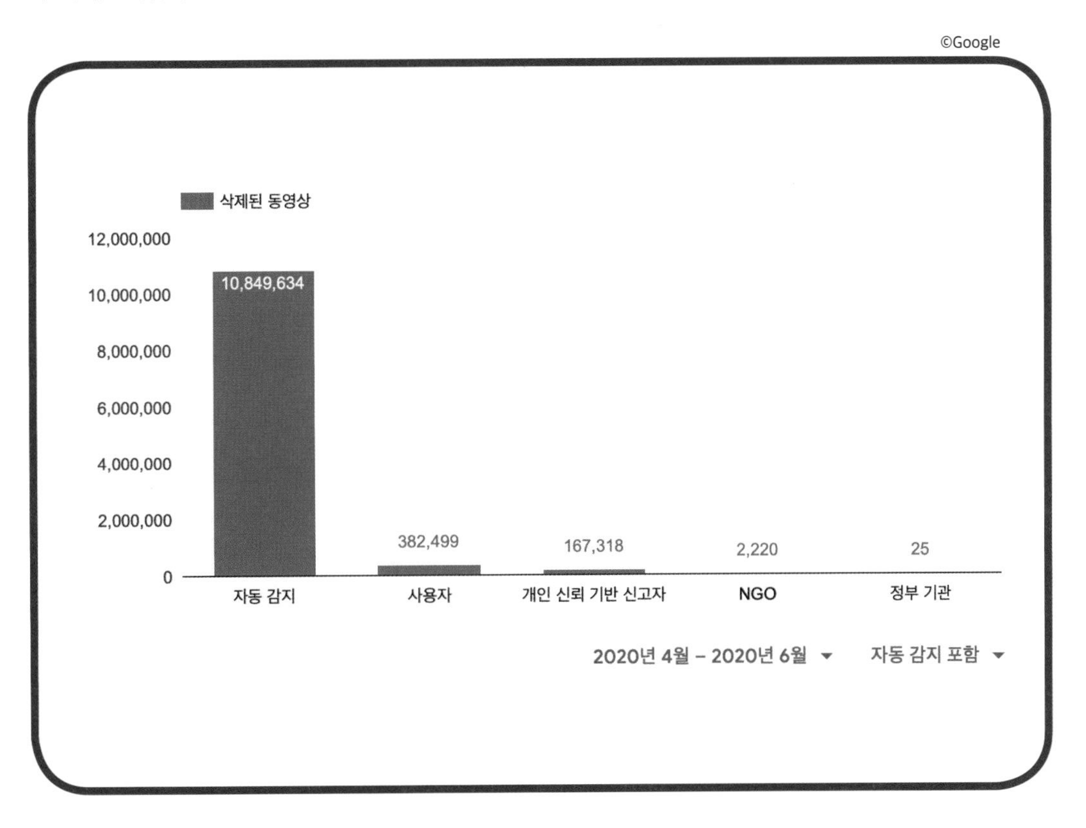

2020년 4월부터 6월까지 세 달 동안의 기록을 살펴볼게요. 이 기간 동안 유튜브는 1140만1696건의 영상을 지웠어요. 이 가운데 1084만9634건의 영상을 인공지능이 자동으로 감지해서 지웠어요. 사용자 신고조치에 의해 삭제된 영상은 38만2499건으로 나타났어요. 인공지능이 심의 대부분을 맡고 있지만, 사용자 신고 역시 중요하다는 점을 알 수 있죠. 국가별로 보면 같은 기간 한국에서는 25만8013개의 영상이 삭제돼 전체 국가 중에 아홉 번째로 삭제 영상이 많았어요.

©Google

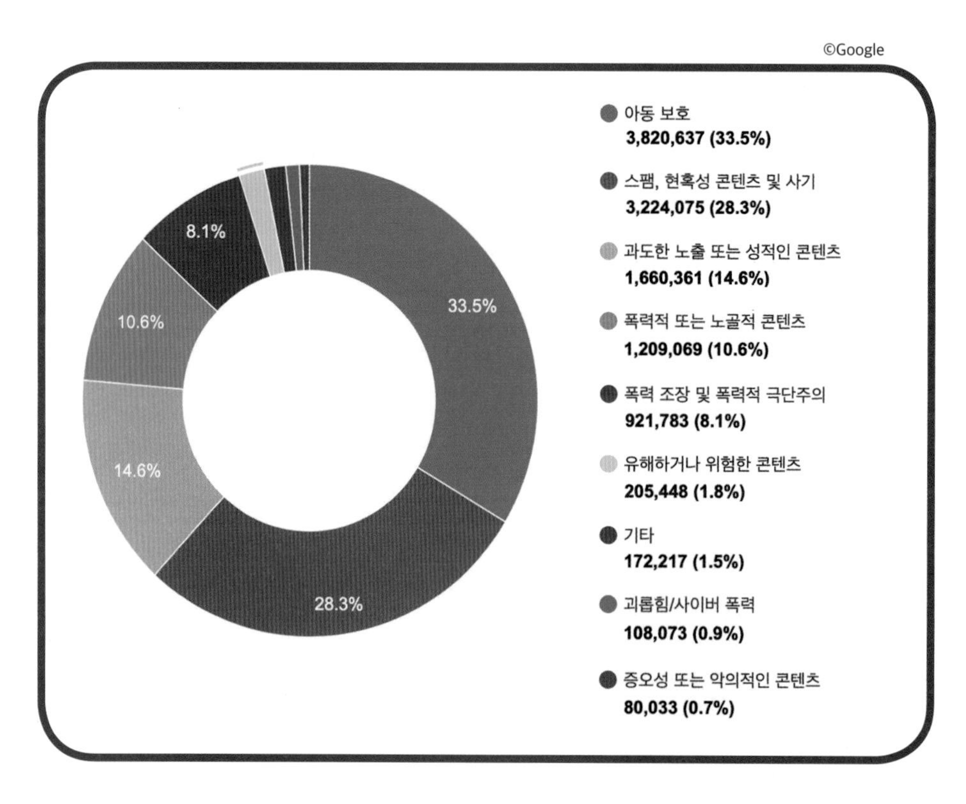

삭제된 영상을 보면 아동보호 위반이 33.5%로 가장 많았고요. 이어서 스팸, 현혹성 콘텐츠 및 사기가 28.3%로 두번째로 많았어요. 세번째는 과도한 노출 및 성적인 콘텐츠로 14.6%, 네번째는 폭력적 또는 노골적 콘텐츠로 10.6%로 나타났어요. 영상 외에 채널과 댓글 삭제 정보도 있는데요. 같은 기간 유튜브에서 삭제된 채널 수는 199만8635개에 달하고요. 삭제된 댓글은 무려 21억3236만7731개라고 해요.

음악 3초만 썼는데 저작권 위반일까?

커버곡을 부르는 유튜버들은 다른 장르의 유튜버들보다 광고 수익이 적다는 사실을 알고 있나요? 음악 저작권자들이 유튜브를 통해 '수익 공유'를 설정하는 경우가 많은데, 그러면 커버곡 영상 조회수가 올라갈 때마다 원저작권자에게 수입이 배분되게 돼요. 음악 저작권에 따른 비용 지불을 하는 거죠.

유튜브에 영상을 만들어 올릴 때 나도 모르는 사이에 저작권을 침해할 수 있으니 주의해야돼요. 생각보다 많은 영역에 저작권이 있는데요. 예를 들어 로봇 애니메이션 캐릭터 이미지를 영상에 넣고, 요즘 가장 유행하는 자막 폰트를 넣고, 힙합 노래를 4초 정도 넣었다면 이미지, 자막, 음악이 모두 저작권을 침해할 가능성이 높아요. 음악은 잠깐만 쓰면 문제 없다는 얘기가 돌기도 하는데 원칙적으로는 쓰면 안 돼요. 특히 폰트 저작권에도 유의해야 하는데요. 다운로드 받아 쓰는 폰트를 무심결에 자막에 넣을 때가 있는데, 폰트 저작권 침해로 소송에 걸리는 경우가 적지 않아요. 심지어는 안무에도 저작권이 있어서 유명 가수의 춤을 허락 없이 따라 추면서 수익을 창출할 경우 저작권 침해 판결이 내려지기도 해요.

저작권에서 자유로운 콘텐츠 이용 방법은?

이렇게 저작권이 깐깐하게 적용된다니, 영상을 만들어 올리기 막막하죠? 그런데 의외로 우리가 활용할 수 있는 저작물도 많아요. 저작권은 당연히 보호해야 하지만 저작권이 지나치게 보호되면 다른 사람들이 활용할 소스가 적어지고, 그 결과 좋은 콘텐츠가 탄생하지 못하게 된다고 보는 견해도 있어요.

©creative commons

저작권을 인정하되 적극적으로 공유하는 게 오히려 사회에 보탬이 된다고 보는 사람들이 '크리에이티브 커먼즈 라이선스'를 만들었어요. 줄여서 CCL이라고 하는데 출처를 표기하는 등 몇 가지 조건을 충족시키면 마음껏 활용할 수 있어요. 그러니 영상을 만들 때 이 라이선스가 부착된 저작물을 우선적으로 찾아볼 필요가 있어요.

구글에서 검색을 할 때 '고급설정'을 클릭하면 CCL저작권 여부를 체크해서 검색할 수 있어요. 폰트의 경우 여러 기업에서 무료로 활용 가능한 폰트들을 만들어 배포하고 있으니 '무료 폰트'로 검색해보는 방법도 있어요.

LIVE

오늘 뭐 볼래?

함께 보면 좋은 유튜브 채널 리스트 10

글 금준경 미디어오늘 기자

유튜브랩 Youtubelab

구독

유튜브 채널 '유튜브랩 Youtubelab'

게임 방송하는 법! 공유하는 방법!

유튜브랩

유튜버가 되고 싶은 사람은 주목하세요! 어떻게 하면 게임 화면을 켜놓고 라이브 방송을 할 수 있는지, 프로필 이미지는 어떻게 제작하고 자막을 쉽게 달 수 있는 방법은 무엇인지 유튜브의 A TO Z가 궁금하다면 '유튜브랩'을 검색해보세요. 유튜브 채널 개설 및 관리 방법, 영상 편집 등 노하우를 배울 수 있어요.

안될과학 Unrealscience

구독

유튜브 채널 '안될과학 Unrealscience'

안될과학

과학은 딱딱하고 노잼이다? '안 될 과학'은 인사할 시간도 없이 속사포처럼 쏟아내는 말과 짤로 과학을 쉽게 이해하도록 도와주고 있어요. 평소 궁금해하지 않던 것도 궁금해지도록 쉽게 과학을 알려줍니다.

굴러라 구르님 | STUDIO GURU

구독

유튜브 채널 '굴러라 구르님 STUDIO GURU'

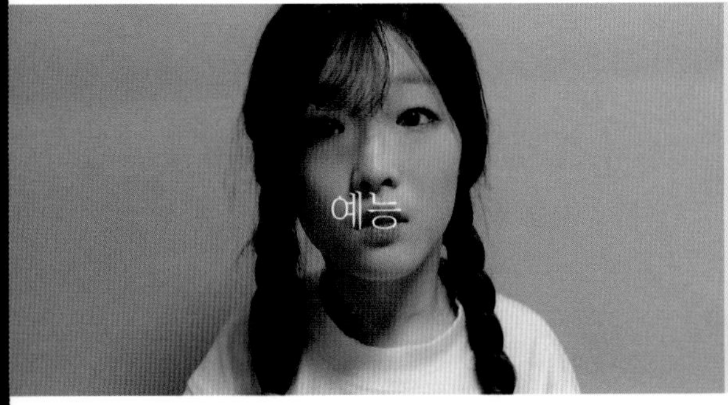

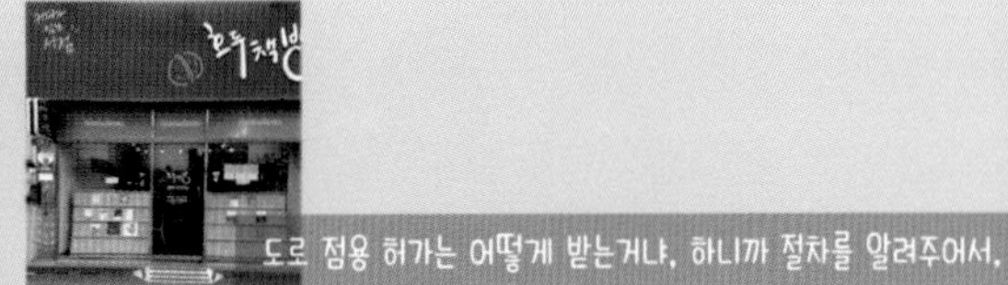

굴러라 구르님

구르님은 지체 장애인 유튜버로 고등학생 때 유튜브를 시작했어요. TV에서는 왜 장애인을 찾아볼 수 없는지 의문스러웠다고 해요. 그래서 스스로 유튜브에서 목소리를 내면서 장애인의 일상을 보여줍니다.

유튜브 채널 '사물궁이 잡학지식'

사물궁이 잡학지식

왜 학교 천장은 '~' 이런 물결무늬로 돼 있는 걸까요? 사물궁이 잡학지식은 우리가 궁금해 할 만한 이슈를 대신 조사해서 알려주는 채널이에요. 논문까지 샅샅이 뒤져서 알려주지만 애니메이션으로 보여주니 쉽게 이해할 수 있어요.

노래하는하람

구독

유튜브 채널 '노래하는하람'

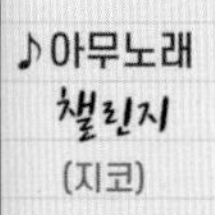

노래하는하람

'노래하는 하람'은 노래를 좋아하는 하람양의 브이로그 채널입니다. 음악 콘텐츠 좋아하는 친구들은 한번 들어보면 좋겠어요. 청소년이 유튜버가 되면 부모님이 걱정하실 거 같죠? 하람양은 부모님이 함께 채널을 관리하고 소통하며 콘텐츠를 만들고 있어요.

유튜브 채널 '취재대행소 왱'

취재대행소 왱

궁금한 점을 댓글로 남겼더니 나를 위한 콘텐츠로 돌아왔어요. 취재대행소왱은 구독자가 궁금해 하는 것을 기자들이 대신 취재해주는 채널입니다. 기자들이 취재를 어떻게 했는지에 주목해서 보면 더 유익할 거에요.

달지

구독

유튜브 채널 '달지'

달지

교실을 떠나 유튜브에서 선생님과 소통할 수 있을까요? 랩하는 선생님 달지쌤은 유튜브를 통해 많은 학생들과 만나고 있어요. 누군가를 공격하는 속칭 '참교육 문화'와 악플문제 등에 대한 선생님의 생각과 고민을 듣고 함께 얘기 나눠보면 좋겠어요.

중년게이머 김실장

구독

유튜브 채널 '중년게이머 김실장'

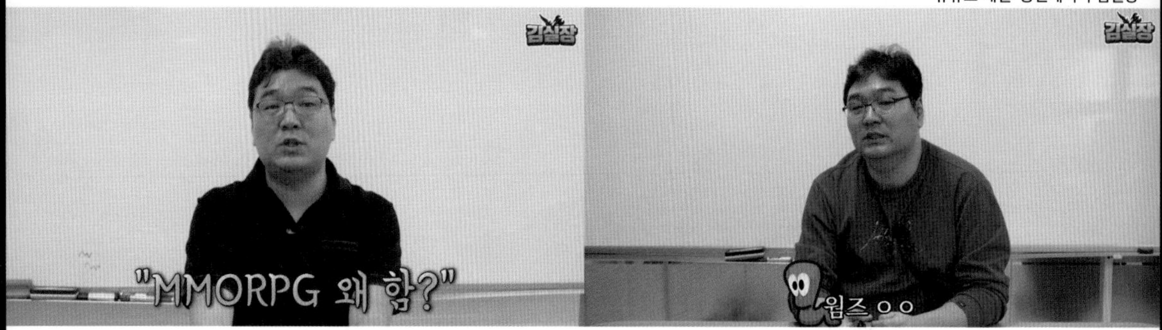

중년게이머 김실장

우리가 즐기는 게임에 대해 한 걸음 더 나아가 알려주는 '중년게이머 김실장' 채널입니다. 콘솔, 모바일, PC 등 기기와 장르를 가리지 않습니다. 단순 리뷰가 아니라 온라인 게임에 빠지는 이유 등을 분석적으로 제시합니다.

서울경제썸 Thumb

구독

유튜브 채널 '서울경제썸 Thumb'

서울경제썸

뉴스를 보면 무슨 말인지 몰라서 답답할 때가 있죠? '서울경제썸'은 세상 돌아가는 얘기를 다양한 사물과 도구를 이용해서 설명해주는 채널이에요. 학교에서 교재로도 쓴다고 하니 더욱 믿고 볼 수 있어요.

유튜브 채널 '닥터프렌즈'

닥터프렌즈

뉴스나 드라마를 보면 조현병 환자가 위험할 것 같은데 정말 그럴까요? 3명의 의사가 운영하는 닥터프랜즈는 조현병 환자들의 실제 모습은 어떤지, 이어폰이 정말 건강에 안 좋은지 등 의학 정보를 자세하게 알려준답니다.

미디어로 말하기

유튜브 24시

"두 가지만 준비하면 유튜브 누구나 할 수 있다"

아빠와 두 딸이 함께 만드는 키즈 유튜브 '루루체체 TV'

글 조윤호 주니어미디어오늘 편집장

사진 김용욱 미디어오늘 기자

2005년 서비스를 시작한 유튜브는 누구나 크리에이터가 될 수 있는 시대를 열었습니다. 유튜브로 떼돈을 벌었다는 뉴스가 사람들의 욕망을 자극하죠. 하지만 모든 일이든 시작하기 전에 알아야할 것들이 있습니다. <유튜브 24시>는 유튜버로 살아갈 지도 모를 여러분들에게 현직 유튜버들을 소개해주는 코너에요. 이번에 소개할 유튜버는 키즈채널 '루루체체TV'의 운영자 송태민씨! 송씨는 두 딸 루피나(송채빈, 12살), 체체(송나윤, 9살)와 함께 4년 째 유튜버로 살아가고 있어요.

"아빠가 친구 이겨줄게"라는 말로 시작한 유튜브

송태민씨를 만나러 간 날, 송씨는 딸 루피와 로블록스라는 게임을 함께 하는 영상을 찍고 있었어요. 3분짜리 영상을 찍는데 필요한 준비물은 딱 세 가지였어요. 영상을 찍을 카메라와 카메라를 고정 시키는 삼각대, 게임을 할 아이패드.

원래 루피나와 체체가 함께 영상을 찍지만, 이날 체체는 나오지 않았어요. 알고 보니 주니어미오 때문이었어요. "둘째 아이는 유튜브 말고 다른 미디어에 노출되는 것을 부끄러워하거든요." 영상 하나를 찍더라도 딸의 동의를 구하는 모습에서 느껴지는 키즈 크리에이터로서의 철학, 좀 더 깊게 들어볼까요?

Q. 유튜브를 시작한 계기는 무엇인가요?

"3년 전에 첫째 딸이 '친구가 유튜브를 만들었는데, 구독자도 몇 명 있고, 좋아요도 여러 개 눌렸다'고 말해줬어요. 딸한테 '아빠가 이겨줄게'라고 말하면서 유튜브를 시작했어요. 제가 디자이너 출신이고, 영상을 만들 줄 알았거든요. 아이들이 원하기도 했지만 저도 사정이 있었어요. 제가 사업하는 3년 동안 여름휴가 한 번 못 갔어요. 아내랑 애들한테 너무 미안했죠. 그러다 사업을 관두고 칼퇴근하는 회사에 가면서 여유가 생겼어요.

많이 놀아주자는 심정에 시작한 거에요. 유튜브를 하면서 확실히 가족하고 보내는 시간이 많아졌어요. 캠핑장 같은 곳에서 장소 협찬이나 PPL이 들어오니까, 자주 놀러 가게 될 수밖에 없거든요. 또 무슨 영상 만들지 의논하고, 영상에 대한 피드백 받으면서 가족 간 대화가 확 늘어났어요."

Q. 영상에 반응이 오기 시작한 건 언제부터인가요?

“다 아이들이 만들었어요. ‘아빠, 이번 주에 이거 찍자’하고, 삼각대 놓고 촬영도 직접 하고 편집만 제가 해줬죠. 근데 애들은 한 번 찍기 시작하면 재미있으니까 끝이 없어요. 기승전결도 없고, 아이들이 알아서 만든 영상이 70개 정도 되는데, 그 영상들은 조회 수도 낮고, 구독자도 없었죠. 6개월 동안 멈춘 채널이었어요. 그러다 편집하는 게 힘들었던 제가 기획 단계부터 개입하기 시작했는데 그때부터 잘 됐어요. 처음에 터진 게 ‘엄마 몰래 ㅇㅇ하기’ 시리즈였죠. 엄마 몰래 라면 먹기, 엄마 몰래 피시방 가기 등등.”

유튜브 채널 ‘루루체체TV’

Q. ‘엄마 몰래 시리즈’의 아이디어는 어디서 얻었나요?

“엄마 몰래 게임하기라는 핸드폰 게임이 인기였어요. 그 게임을 실사화한 거죠. 다른 유튜버들도 많이 했는데, 우리는 차별화 지점이 한 가지 있었어요. “엄마 몰래 아빠랑 ㅇㅇ하기”였죠. 제가 유튜브 댓글을 보니까 아이들에게 엄마는 뭘 못 하게 하는 존재고, 아빠는 없는 존재더라구요. 그 키워드를 둘 다 살리고 싶어서 엄마 몰래, 평소에 잘 안 놀아주는 아빠랑 같이 논다, 이런 컨셉의 영상을 기획한 거죠. '우리 아빠도 이렇게 놀아줬으면 좋겠다'는 댓글 보면 가장 뿌듯해요."

Q. 아이의 입장에서 유튜브 하면 좋은 점이 뭔가요?

"꿈을 키울 수 있습니다. 첫째 딸은 꿈이 사육사라서, 동물원의 협조를 얻어 사육사 인터뷰도 하고 일반인이 들어갈 수 없는 공간에 들어가서 사육사 체험을 한 적이 있어요. 둘째 딸은 꿈이 개그맨인데, 개그맨들하고 만나서 친해질 기회가 생겼어요. 꿈이 바뀌더라도 유튜브를 통해서 다른 걸 배우거나 꿈을 키우는 건 정말 좋은 것 같아요."

개인정보 노출, 악성댓글… 스스로를 지켜야 하는 유튜버

좋은 점에 대해 들었지만 유튜버로서의 삶이 늘 즐거울 리는 없어요. 조심해야 할 것도 있겠죠? "우리 동네 모습은 안 나오게 해주세요!" 송태민씨가 <주니어미오>와 만나자마자 처음 한 부탁이었어요. 집의 위치가 노출되면 극성팬이 찾아오거나 예측할 수 없는 위험이 벌어질 수 있으니까요.

Q. 유튜브를 하면 안 좋은 점도 있을 텐데, 걱정은 안 하셨나요?

"걱정 많이 했죠. 걱정을 해야만 해요. 준비 없이 유튜브를 하는 건 전 말리고 싶어요. 우선 아이들은 부모의 제어 아래에서 움직이도록 해야 해요. 기획, 촬영, 편집 다 하게 하면 안 돼요. 수위조절은 어른들이 해줘야 하죠. 오늘도 게임 영상 찍는데 첫째가 '현질(게임에서의 현금 거래)하고 싶다'고 해서 그건 못 하게 했어요."

"아까 제가 동네 모습이 나오지 않게 해달라고 말씀드린 이유도 마찬가지에요. 저는 엘리베이터 안에서 영상 찍을 때도 다른 동네 가서 찍어요. 댓글 보면 엘리베이터 안의 광고판 보고 어느 동네인지 알아내는 사람들이 있더라고요. 애들한테도 '싸인해 달라고 하거나 선물 준다고 해도 따라가면 안 된다'고 교육 시켜요."

Q. 악플에는 어떻게 대처하나요?

"처음에는 악플 다는 사람이 있을까? 싶었는데 있더라구요. 처음엔 '악플을 보여주지 말자'고 1차원적으로 생각했어요. 유튜브 키즈 앱은 댓글이 안 보이거든요. 그런데 친구들이 보여줄 수도 있잖아요. 그래서 지금은 악플을 같이 읽어요. '이 사람들이 악플 다는 이유는 너를 시기하고 질투해서 그런 거야' '너에 대해 잘 알지도 못하면서 그러는 거야'라고 설명해주기도 하고, '네가 유명해져서 감수 해야 할 부분이야. 싫으면 유튜브 안 해도 되니까 언제든지 말해줘'라고 했죠."

"영상 100개 올리면 한 개는 터진다"

생각보다 조심해야 할 것들이 많죠? 하지만 그럼에도 송태민씨는 유튜버는 누구나 마음 먹으면 할 수 있는 직업이라고 말해요. 물론 몇 가지 준비를 갖춘다면요.

Q. 유튜버, 누구나 할 수 있나요?

"그럼요. 저야 디자이너였으니까 남들보다 이쁘게 만들 수 있겠지만 이쁜 게 중요하진 않아요. 꾸준하고 성실한 게 가장 중요합니다. <루루체체TV>는 3년 동안 영상 700개 올렸어요. 이틀에 하나씩 올린 거에요. 아무리 바빠도 일주일에 한 개 이상 안 올린 적이 없어요. 이렇게 올리다 보면 무조건 하나는 터져요. 저는 100개가 필요하다고 말하는데요,

"두 가지만 준비하면 유튜브 누구나 할 수 있다"

저희도 97번째 영상에서 터졌어요. 100개 정도 만들면 스스로 노하우를 알게 되기 때문이에요. 처음에는 내가 만들고 싶은 것만 만들다가 점차 대중이 원하는 콘텐츠가 뭔지 알게 되는 거죠."

Q. 유튜버, 전업으로 할 만한 직업인가요?

"유튜브는 복권이에요. 회사 다니면서 영상 하나씩 올리는 거, 회사 다니면서 복권 한 장씩 사보는 거랑 똑같아요. 저는 회사 그만두는 기준이 있었어요. 월 1000만원 고정수입이 6개월 이상 지속 되는 거였는데, 쉽지 않아요. <루루체체TV>도 유튜브 광고로만 한 달에 3~400만 원 벌었는데 올해 1월에 유튜브의 키즈 관련 정책이 바뀌면서 10분의 1로 수입이 줄었어요. 저 뿐 아니라 키즈 쪽은 다 그래요. 제가 아는 분도 전업으로 하다 다시 회사 다니세요."

Q. 유튜브를 시작하려 한다면, 무엇을 준비해야 할까요?

"첫째는 장비에요. 장비는 삼각대 하나에 스마트폰, 조명이면 되요. 조명은 필수인데 실내에서 쓰는 2만 5천원 짜리 촬영용 조명이면 됩니다. 저도 장비 비싼 거 사봤는데 아이들하고 찍는 건 갑자기 찍어야 하는 게 많아서, 렌즈 교환해서 찍으려면 오히려 효율이 떨어져요. 저도 3년 지나서야 '프로처럼 만들어보자'고 해서 카메라를 처음 샀어요. 편집 프로그램도 배우는 게 좋죠. 요즘은 무료 앱도 많아서 비용이 들지 않아요."

아이가 행복한 유튜브 촬영 가이드라인

1 자유롭게 생각을 말할 수 있게 존중해 주세요.

영상을 기획, 촬영, 편집, 게시하는 모든 과정에서 아이가 자유롭게 생각을 말할 수 있도록 격려해 주시고, 보호자의 생각을 일방적으로 강요하지 않도록 유의해 주세요. 아이가 자발적으로 참여할 수 있게 해주시고, 장난감이나 용돈 등을 주는 조건으로 촬영을 하도록 유인하지 말아주세요.

3 마음의 상처를 입지 않도록 해주세요.

아이가 공포를 느끼거나 충격을 받거나 깜짝 놀랄 수 있는 연출이나 '몰래카메라'는 하지 말아주세요. 훔치는 시늉, 누군가를 속이는 등의 연출은 장난으로 했거나 아이가 동의했다고 하더라도 윤리적, 도덕적 문제를 일으킬 수 있습니다. 특히 어린 아이들은 현실과 가상을 명확히 구분하지 못하는 경우가 많아 연출된 상황을 진짜로 받아들이거나, 그렇게 행동해도 된다고 여길 수도 있습니다.

5 아이에게도 사생활이 있고, 초상권은 보호되어야 합니다.

아이가 동의한 영상이라고 하더라도, 수치심을 느낄만한 장면이나 모습은 지금은 몰라도 나중에 아이에게 상처가 될 수 있습니다. 생리현상을 처리하거나, 목욕하는 모습, 옷을 입지 않은 모습 등 아이가 부끄러움을 느낄 수 있는 모습은 촬영을 피해주세요.

7 건강한 놀이가 되게 해주세요.

영상을 촬영하고 올리는 시간이 좋은 추억과 놀이, 취미를 넘어 과도한 일이 되지 않게 해주세요. 영상 제작 시간이 지나치게 길어져서 아이가 쉬거나 다른 놀이를 하거나, 공부를 하는 데 지장을 주지 않도록 해주세요. 아이는 자신이 영상에 나오는 것을 좋아하는 부모의 모습을 보고, 혹은 인정을 받기 위해 촬영이 벅차더라도 괜찮다고 말할 수 있습니다. 아이의 몸 상태와 기분을 고려해 영상을 촬영할지 결정해 주시고, 아이가 힘들어하거나 지친 가색을 보이면 바로 촬영을 중단해 주세요.

9 아이의 미래를 상상해 주세요.

높은 조회수가 나오고 유명해지는 것이 아이에게 반드시 좋은 결과를 가져오는 것은 아닙니다. 오늘 만든 영상이 내일 아이에게 어떤 영향을 미칠지는 쉽게 예측하기 어렵습니다. 영상이 단기적, 장기적으로 아이에게 어떤 영향을 미치게 될지 상상하고 영상을 올리기 전에 한 번 더 신중하게 생각해 주세요.

2 '영상을 잘 뽑는 것' 보다 안전이 우선입니다.

소위 '잘 뽑힌 영상'을 위해 다양한 시도를 하다 아이에게 위험한 상황을 연출하지는 않았나요? 도로나 높은 곳 등 위험한 장소, 아이가 홀로 남겨지는 상황, 영상 제작에 사용하는 도구가 아이에게 해를 가할 위험이 없는지 신경 써 주세요. 아이가 싫어하는 음식, 위험한 음식을 먹게 하거나 방송을 위해 폭식 하지 않도록 해주세요.

4 충분히 설명하고 동의를 구해주세요.

아이를 몰래 촬영하고 부모 마음대로 영상을 올리지 말아주세요. 영상을 촬영하고 게시할 때 자녀에게 어떤 내용의 영상을 찍을 것인지, 이 영상에서 아이가 어떻게 보이게 될지를 설명해 주세요. 영상을 올렸을 때 어떤 일이 발생할 수 있는지를 아이가 이해할 수 있는 말로 충분히 설명하고 동의를 구해주세요.

6 아이의 개인정보를 소중하게 다뤄주세요.

일기장, 병원 진료 기록 등은 민감한 개인정보이니 아이를 위해 보호해 주세요.
집, 유치원, 학교, 학원 등 아이가 주로 가는 장소나 생활 패턴 등이 노출되면 납치 등 범죄의 표적이 될 수도 있습니다. 아이의 일상과 개인정보를 과도하게 노출하지 않도록 해주세요.

8 아이가 올바른 가치관을 가질 수 있도록 도와주세요.

키, 체중, 체형, 얼굴, 피부색에 대한 좋고 나쁨이나 '남자는 파란색, 여자는 핑크색' 처럼 외모와 성별에 대한 편견과 고정관념, 나이에 걸맞지 않은 지나치게 성숙한 모습이나 행동을 아이가 영상에서 따라 하지 않도록 해주세요. 빈부차이, 장애, 국적, 인종, 종교, 나이, 지역 등으로 나와 다른 사람을 차별하거나 선입견을 갖지 않도록 지도해주세요. 아이들은 비속어나 욕설이 나쁜 줄도 모르고 무심코 말할 수도 있지만, 영상으로 남으면 아이가 나쁜 말을 해버린 셈이 됩니다. 바른 언어습관을 가질 수 있도록 안내해 주세요. 반려동물, 길고양이, 곤충 등 생명을 함부로 괴롭히거나 해치지 않도록 해주세요.

유튜브 아동인권 캠페인

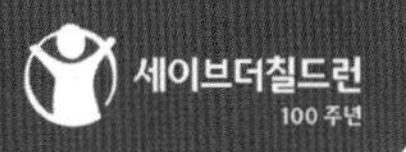

국제 구호개발 NGO '세이브더칠드런'이 만든 '아이가 행복한 유튜브 촬영 가이드라인'. 루루체체TV는 '아이가 행복한 유튜브 만들기' 캠페인에 동참한 키즈 유튜브 중 한 곳이다. 캠페인 관련 내용은 다음 링크 참조 http://happykidsyoutube.sc.or.kr

“둘째는 모든 영상을 신중히 체크하는 태도에요. 키즈 유튜버라면, 부모가 그 역할을 해야죠. 저희 딸들은 틱톡도 하는데, 유튜브 뿐 아니라 틱톡에도 항상 영상을 임시저장해 놓고, 저랑 아내에게 먼저 보여줘요. 유튜브를 처음 시작할 때부터 그 부분을 합의하고 시작해야 해요. 한참 지나서 말하면 아이들도 말을 듣기 싫겠죠?”

TAIZEN
BALANCE

팩트체크 나는 이렇게 했다

속지 말자, 모기 팔찌!
나와 내 가족, 우리를 지키는 팩트체크

글 선정수 팩트체크 전문 미디어 <뉴스톱> 팩트체커

'팩트체크'라는 말 다들 한 번쯤 들어본 적 있죠? 가짜뉴스가 워낙 많다 보니, 팩트를 찾아내고 검증하는 것이 매우 중요해졌어요. <나는 이렇게 팩트체크했다> 코너는 팩트체크 전문 미디어 <뉴스톱>의 팩트체커들이 팩트체크 노하우를 알려주기 위해 만들어진 코너에요. 이번에 소개할 내용은 '모기팔찌' 광고를 팩트체크한 방법이에요. 우리 주변에서 볼 수 있는 광고가 진짜인지 아닌지 검증하는 방법, 알아볼까요?

딸 아이를 위해 시작한 모기팔찌 팩트체크

저에겐 어린이집 다니는 딸이 있어요. 모기에 엄청 물려서 여름이면 너무 괴로워해요. '모기밥'인 아빠를 닮았나 봐요. 그래서 우리 가족은 외출할 때마다 모기기피제를 사용하고 있어요. 모기를 잘 쫓으면서도 부작용이 덜한 제품을 찾기 위해 관련 정보를 많이 검색하고 신중하게 제품을 선택하고, 뉴스도 찾아보고 정부가 내놓는 보도자료[1]도 찾아봤습니다.

어느 날 딸 아이가 핑크색 백곰 모양이 그려진 모기팔찌를 차고 집에 왔어요. 어린이집에서 친구가 선물로 줬다며 좋아하더라구요. 시계 모양으로 생긴 데다가 핑크색이고 예쁜 흰 곰돌이 모양도 그려져 있어 액세서리로 제격이었죠. 차고 있으면 모기도 쫓아준다고 하니 얼마나 맘에 들어했는지 몰라요. 좋아하는 딸을 아빠 미소로 쳐다보고 있는데 갑자기

---

1 정부기관이나 기업에서 언론사의 기자들에게 중요한 소식을 알리거나 홍보할 때 발표하는 자료를 뜻한다. 기사를 쓰면 전 국민이 알게 되기에 전국민을 대상으로 한 홍보활동이기도 하다.

예전에 봤던 보도자료 생각이 났어요.

2017년 6월 30일, 식품의약품안전처는 모기기피제 중에 정향유, 시트로넬라유 함유 제품을 허가하지 않겠다는 보도자료를 발표했습니다. 시트로넬라유는 모기를 쫓는 '유효성(기피율 95% 이상, 2시간 이상 지속)' 기준을 충족하지 못했고, 정향유는 안전성을 입증할 자료를 제출하지 않았다는 이유였어요. 식약처는 "공산품[2] 방향제 일부 제품들이 의약외품 모기기피제와 구분 없이 판매되고 있어 소비자들은 구매·사용 시 주의해달라"고 당부했어요.

아이의 팔찌 제품을 검색해봤어요. 아뿔싸! 시트로넬라유 성분으로 만들어진 '공산품 방향제'였어요. 그런데 쿠팡 등 유명 오픈마켓과 다음 등 포털사이트의 쇼핑 섹션에 이 제품이 '모기기피제' 카테고리로 분류돼 있는 거에요. 제품명에 '모기퇴치', '모기 쫓는' 등의 표현을 사용해 모기기피제로 충분히 오인할 수 있었어요.

2017년 식약처에서 공식 입장을 밝혔지만, 깊이 따지고 들지 않으면 감쪽같이 속을 수밖에 없죠. 모기팔찌를 차고 모기 쫓는 스티커를 붙인 채로 놀이터에서 산에서 들에서 뛰어노는 아이들은 모기에 물려 벅벅 긁고 있을 수밖에 없는 거에요. 부모들은 효과도 없는 제품에 헛돈만 쓴 셈이고요. 왜 이런 사기에 가까운 일이 방치되고 있는 걸까요? 혼자 알지 말고, 모두에게 알려야겠다고 마음 먹었어요.

---

2 공업적인 과정을 거쳐 만들어지는 제품, 쉽게 생각하면 공장에서 생산되는 제품을 뜻한다. 이 글에서는 모기팔찌가 의약품이 아니라는 뜻으로 쓰였다. 즉 모기를 쫓는 기능이 있다고 인정받지 못한 향기 나는 제품들이 모기기피제인 것처럼 팔리고 있다는 뜻이다.

관련 법 조항은 뭘까? 담당하는 정부 부처는 어딜까?

법 조항부터 찾아봤어요. '생활화학제품 및 살생물제의 안전관리에 관한 법률' (화학제품안전법) 34조는 "살생물제품 또는 살생물처리제품이 아닌 제품을 제조, 수입, 판매 또는 유통하는 자는 해당 제품이 살생물제품 또는 살생물처리제품임을 표시·광고하거나 살생물제품 또는 살생물처리제품으로 오인될 우려가 있는 표시·광고를 하여서는 아니 된다"고 규정하고 있습니다. '약사법'도 의약외품이 아닌 물품을 의약외품으로 오인하도록 표시·광고하는 것을 금지하고 있어요.

너무 어렵죠? 쉽게 말하면, '공산품인 방향제 모기팔찌를 모기기피제로 오인하게 만들면 불법'이란 뜻이에요. 제조사는 이 조항을 이미 파악하고 있어서 제품 포장에 '모기'라는 단어를 쓰지 않았어요. 법망을 빠져나갈 장치를 만들어 놓은 것이지요. 하지만 오픈마켓에서는 '모기기피제'라는 카테고리로 분류해 팔고 있어요. 제품명에도 교묘하게 '모기기피제'로 오인할만한 문구를 심어놓고요.

오픈마켓 측 입장은 이래요. 우리가 직접 만들어서 판 게 아니라 '통신판매중개업자'에 불과하니까, 즉 판매를 중개해 준 것 뿐이니 상품, 거래정보 및 거래 등에 대하여 책임을 지지 않아도 된다는 거에요. 그러나 법에 따르면 제품 유통업체도 처벌 대상에 포함되기 때문에 빠져나갈 구멍은 없었어요. 게다가 조사해보니, 몇몇 오픈마켓은 '통신중개업자'가 아닌 '판매자' 자격으로 모기기피제를 팔고 있었어요.

제 생각이 맞는지 관련 정부 부처에 확인을 받기로 했습니다. 모기기피제를 관리하는 정부 부처는 식품의약품안전처와 환경부에요. 몸에 바르거나 뿌리는 제품은 '의약외품'으로 분류돼 식약처에서 관리하고 있고, 살충제, 기피제 등 생물을 죽이거나 쫓는 화학약품은 '살생물제'로 분류돼 환경부에서 관리하고 있어요. 모기기피제는 '의약외품'인 동시에 '살생물제'인 셈이지요.

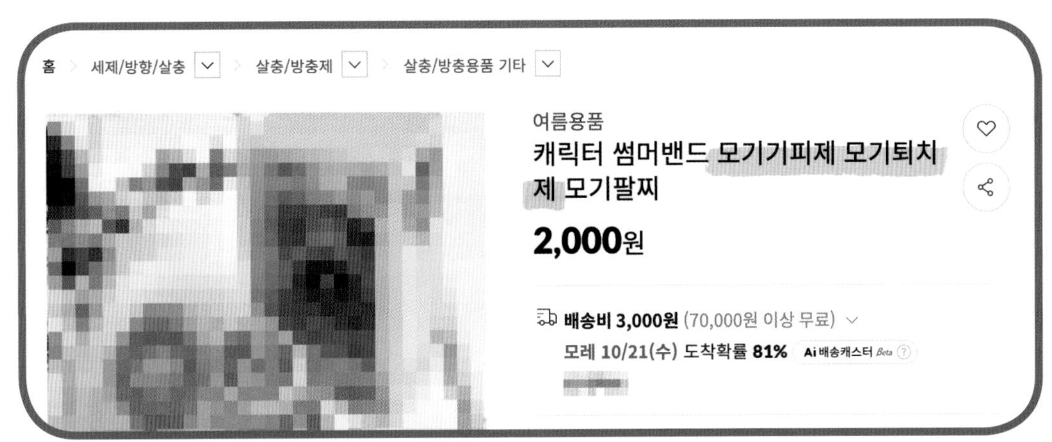

이렇게 모기팔찌를 모기기피제로 오인하게 만들면 불법!

식약처와 환경부에 확인한 결과, 모기기피제로 승인받지 않은 공산품 향기 팔찌를 모기기피제로 판매하는 행위는 화학제품안전법·약사법 위반에 해당한다는 결론을 내릴 수 있었어요. 이런 취재 내용을 담아 팩트체크 기사를 썼어요.

팩트체크는 세상을 바꿀 수 있다

기사를 쓰는 데 그치지 않고, 직접 행동에 나섰습니다. 오픈마켓과 포털 쇼핑 운영사에 메일을 보냈어요. 국민신문고를 통해 신고도 했지요. 그 결과 쿠팡과 다음 쇼핑이 모기팔찌를 '모기기피제' 카테고리에서 제외했어요. 식약처는 "의약외품 오인 우려 사항(모기, 진드기 기피 등)으로 판단되는 인터넷주소(URL)를 확인해 해당 온라인 쇼핑몰에 게시물 차단 등의 조치를 요청할 예정"이라고 알려 왔어요.

작지만 보람을 느낄 만한 변화가 일어났어요. 저의 노력으로 인해 모기기피제가 아닌

HOME > 팩트체크

[광고체크] 모기팔찌, 모기기피제가 아닙니다

선정수 팩트체커 | 승인 2020.08.26 12:53 | 댓글 0

선정수 팩트체커가 쓴 뉴스톱 기사 갈무리.

'모기팔찌'를 아이에게 채워주고 방심하는 부모들이 조금은 줄어들 것이라고 믿어요. 저의 팩트체크로 세상이 조금은 바뀐 것 같아서 기뻤어요.

여러분도 '팩트체크' 해보시면 내 주변의 세상이 달라질지도 몰라요. '모든 주장에는 타당한 근거가 있어야 한다' '내 눈으로 확인하고 내 머리로 생각하자' 이런 생각이 팩트체크의 기본이라고 생각해요. 여러분은 어떤가요? '모기팔찌'처럼 겉과 속이 다른 허위 광고, 거짓 주장, 가짜뉴스들이 넘쳐나는 세상이에요. 진실을 보는 눈을 기르는 훈련을 부지런히 해야 거짓에 휩쓸리지 않을 수 있어요. 그 눈이 저와 여러분이 살고 있는 세상을 좀 더 좋은 곳으로 만들어 줄 거에요!

선정수 팩트체커

2003년 국민일보에서 기자 일을 시작했다. 2020년 3월부터 팩트체크 미디어 뉴스톱에서 팩트체크 일을 하고 있다. 미래세대들이 더 나은 세상에 살기를 바라는 마음으로 팩트체크 작업을 하는 중. 지구와 함께 살아가는 방법을 모색하는 것도 큰 관심사다.

이 뉴스, 이렇게 취재했다

"왜 같은 곳에서 사람이 계속 죽을까?"

'일하다 죽지 않게' 중대 산업재해 8,057건, 판결문 671건을 분석하다

글 고아름 KBS 사회부 이슈팀 기자

수 없이 많이 쏟아지는 소음 같은 뉴스와 기사 속에서도 우리의 눈을 번뜩이게 하는 좋은 기사들이 있어요. <이 기사 이렇게 취재했다>는 현직 기자들이 어떻게 취재했는지, 그 노하우를 풀어주는 코너입니다. 이번에 소개할 기사는 KBS 사회부 이슈팀 기자들이 쓴 '일하다 죽지 않게' 기획 기사에요. 노동자가 일터에서 죽는 산업재해 사고가 왜 반복되는지, 무려 중대 재해 8,057건과 판결문 671건을 분석했어요. 어떻게 취재했는지 지금부터 들어볼까요?

©연합뉴스

한해 855명, 하루 평균 2.3명,
집으로 돌아오지 못하는 사람들

17살 이민호 군에 대해 들어본 적 있나요? 2017년 11월, 특성화고 학생이자 현장 실습생이었던 이민호 군은 제주의 한 음료 제조업체에서 기계를 정비하다 몸이 끼어 세상을 떠났어요. 일을 배우는 '실습생' 신분이었지만 바쁘게 돌아가는 공장에서 민호 군에게 기계 다루는 법을 꼼꼼히 지도해주는 사람은 없었습니다.

민호 군처럼 일터에서 사망하는 노동자가 한 해 몇 명이나 될까요? 작년에만 855명, 하루 평균 2.3명의 노동자가 집으로 돌아오지 못했어요. 올해는 더 나빠졌어요. 1월부터 6월까지, 470명의 노동자가 일터에서 죽었어요. 도시락을 챙겨 일터로 향했던 한 가정의 아버지는 점심 도시락을 먹지 못한 채 기계에 몸이 끼어 숨졌고, "오늘은 일찍 퇴근할 수 있을 것 같아"라고 점심시간에 배우자에게 안부 전화를 했던 한 노동자도 일터에서 발생한 화재로 인해 퇴근을 하지 못했어요.

이렇게 매일 노동자가 죽지만 '내 일처럼' 관심을 두는 사람은 많지 않아요. 뺑소니 사고로 사람이 숨졌다는 기사에는 많은 사람이 내 일처럼 분노하며 가해자의 엄벌을 촉구하는데 말이에요. 매일 노동자들이 죽는데, 그걸 막을 수 없을까? KBS 사회부 이슈팀의 '일하다 죽지 않게' 시리즈 기사는 이런 고민에서 출발했습니다. 사무직이건 현장직이건, 정규직이건 비정규직이건 노동의 형태는 달라도 우리는 모두 노동자로 살아가기에 노동자의 죽음은 우리 삶에 중요한 문제니까요.

도움을 줄 전문가와 객관적인 자료부터 찾자!

기자가 취재를 위해 가장 먼저 하는 일이 뭘까요? 해당 분야를 잘 아는 전문가를 만나는 거에요. 그래서 시민단체 '노동건강연대'를 찾았습니다. 노동건강연대는 일터에서의 노동자 건강권과 산업재해, 비정규직 노동자의 권익 문제 등을 다뤄온 시민단체로 노무사와 직업환경의학 전문의 등이 활동하고 있거든요. 노무사 2명과 활동가 1명, 이슈팀 기자들이 여러 차례 함께 만나서 산재 문제에 어떻게 취재하고 접근하면 좋을지 조언을 들었어요.

회의 과정에서 한 노무사가 이런 말을 해줬어요. "같은 사업장에서 계속 사람이 죽습니다." 이 말을 듣고 의문이 생겼어요. 상식적으로 생각할 때 공장이나 건설 현장 같은 곳에서 노동자가 죽으면 작업을 중단하고, 원인을 조사하잖아요? 조사 결과 안전 규정을 지키지 않았거나 안전 관리가 부실했다면 사업주와 업체가 처벌을 받게 되어 있어요. 7년 이하의 징역이나 1억 원 이하의 벌금형으로 형벌이 꽤 무거운 편이에요. 그런데 왜 사고는 계속 반복되는 걸까요? 이 궁금증을 해결해보자! 취재의 핵심 포인트를 잡았어요.

다음 할 일은 객관적인 자료를 모으는 거에요. 노동건강연대, 그리고 국회 한정애 의원실을 통해 2011년부터 2019년까지 9년 동안 고용노동부에 보고된 중대 재해[1] 8,057건을 입수해 전수 분석했어요. 국회의원들은 정부를 감시하는 일을 하기에, 일반인이 쉽게 찾을 수 없는 자료들을 의원실을 통해서라면 찾아낼 수 있거든요. 자료를 통해 8천여 건의 산재 사고에 대한 정보(발생 일시, 장소, 재해를 당한 노동자 숫자 등)를 분석할 수 있었어요.

---

1 중대 재해란 사망 1명 이상 또는 3개월 이상의 요양이 필요한 부상자가 동시에 2명 이상 발생한 재해를 뜻한다.

지난 7월 KBS 사회부 이슈팀 고아름, 박민철, 홍진아, 송락규 기자와 황채영 작가가 기사와 관련해 회의를 하고 있다.

분석 결과, 중대 재해가 2번 이상 반복된 사업장은 279곳, 3번 이상 반복된 곳은 60곳이었어요. 우리는 중대 재해가 잦았던 상위 15개 기업을 공개했어요. 포스코, 현대중공업, 삼성중공업 등 이름만 대면 알만한 대기업이 다수였고, 기사에서 모두 실명 공개했어요. 이름이 공개되어야 기업들이 산재 사고를 막기 위해 노력할 테니까요!

'왜 그럴까?' 가설을 세우고 검증해보자!

'어디서' 사고가 나는지 알았으니, 이제 '왜'를 알아볼 차례입니다. 처벌을 받는데도 사고가 줄지 않는다면 이유를 추론해볼 수 있겠죠? 아마도 처벌이 약하기 때문이겠죠. 하지만 심증만으로 기사를 쓸 수 없기에, 산업안전보건법[2] 위반 혐의로 재판에 넘겨진 사업주와 기업이 어떤 처벌을 받았는지 분석해봤어요.

판결문을 보기 위해 대법원 홈페이지에 들어갔어요. 작년부터 대법원은 누구나 인터넷을 통해 판결문을 열람할 수 있는 서비스를 제공하고 있어요. 대법원 홈페이지 '대국민 서비스'란에 들어가서 관련 키워드를 입력하면 전국 법원의 판결문을 모두 볼 수 있어요. 2018년과 2019년에 나온 1심 판결문 가운데, 법원 홈페이지에 공개된 671건을 노동건강연대 노무사들과 함께 전수 분석했어요.

예상대로였습니다. 산업재해로 고발된 회사 대표, 현장 소장 등 피고인 1,065명 가운데 21명만 집행유예 없이 실형을 선고받아 감옥에 갔어요. 평균 형량도 9.3개월에 그쳤어요. 피고인의 절반가량은 벌금형을 선고받았고, 평균 벌금 액수는 고작 458만 원이었어요. 노동자의 두 달치 월급 정도만 벌금으로 내면 처벌도 없이 끝나는 거에요.

판결문을 꼼꼼히 읽으며 왜 이런 가벼운 처벌이 내려졌는지도 알아봤어요. "피고인이 최근 사단법인 이사장으로 취임하여 이사장직의 원활한 수행이 필요해", 피해자가 "1층에서 작업하다 추락"해 숨졌기 때문에 감형을 받는 등 황당한 사유가 여러 건 있었어요.

---

2 산업안전과 보건에 관한 기준을 확립하고 그 책임의 소재를 명확하게 하여 산업재해를 예방하고 쾌적한 작업환경을 조성함으로써 노동자의 안전과 보건을 유지·증진하기 위해 만들어진 법이다.

©KBS

일하다 죽지 않게

관련 기사 12건
최근업데이트:2020.10.15 (21:41)

글씨체 다른 '산재보험 적용 제외 신청서'…대필 의혹

병원까지 145km인데…발전사는 "의료 사각지대 없다"

'산재 은폐' 5년간 4,500여 건…중대재해기업처벌법 있다면?

"건물 뚫고 갈 수는 없잖아요"…위험에 내몰린 배달노동자들

사고 때만 '사장님'되는 배달노동자들…산재 보상은 '막막'

[단독] "무전기만 있었어도"…사람이 죽어도 그대로

KBS '일하다 죽지 않게' 시리즈 갈무리.

당사자를 만나러, 서울에서 제주까지

취재에서 가장 힘들었던 일은 사례를 섭외하는 것, 즉 피해 당사자들을 만나는 것이었어요. 기사에 '노동자 OO명 사망'이라고만 쓰면, 사람들은 놀라긴 하겠지만 자기 이야기라고 생각지 않을 거에요. 사실 전달을 넘어 사람의 이야기가 담겨야 사람들이 자기 문제처럼 여기겠죠? 특히 우리는 방송 기자들이라, 피해자가 카메라 앞에 얼굴을 공개해야 해서 섭외가 더 힘들었습니다. 또 산업재해는 피해자가 이미 사망한 경우가 많아 유가족이나 동료를 만나야 하는데, 선뜻 나서는 분을 찾기가 힘들었어요.

노동건강연대, 한국노동안전보건연구소 등 시민단체는 물론 전국에 있는 '비정규직 노동자 센터'에 연락해서 취재에 도움을 줄 수 있는 노동자 또는 유족을 수소문했어요. 전국에 있는 여러 기업의 노동조합에도 연락했어요. 어렵게 소개받은 피해자들을 만나기 위해 우리 기자들은 서울, 경기, 삼척, 거제, 부산, 제주 등 전국을 다녔어요.

산업재해는 범죄다

이 취재를 하면서 우리가 내린 결론이 하나 있어요. 일터에서 사람이 다치고 죽는 것은 어쩌다 '운이 나빠서' 일어난 사고가 아니라는 거에요. 안전 관리를 소홀히 하고 노동자의 목숨보다 이윤을 먼저 생각하는 풍토, 책임을 회피하는 기업과 사업주에게 책임을 제대로 묻지 않아 발생한 범죄에요. '일하다 죽지 않게!' 이 당연한 명제가 지켜질 때까지 KBS 이슈팀 기자들이 열심히 기사를 쓸 테니, 여러분도 지속적인 관심 부탁드려요! 주미

고아름 KBS 사회부 이슈팀 기자

뉴스에서 보는 사건 현장에 직접 가보고 싶어서 기자가 됐다.

2011년 입사해 사회부 사건팀과 행정팀, KBS 전주총국, 시사제작국을 거쳤다.

오늘보다는 나은 내일, 다음 세대에게 더 좋은 세상을 만들기 위해 뛰고 있다.

이슈 찬반 토론

방탄소년단에게 병역특례 줘야 할까?

글 조윤호 주니어미디어오늘 편집장

이번의 토론 주제는 '방탄소년단(BTS)에게 병역특례 줘야 할까'입니다. 방탄소년단처럼 문화예술을 통해 국위선양을 하는 연예인에게 병역특례 혜택이 필요하다는 주장은 꽤 오래된 '떡밥'이에요. 그런데 지난 8월 31일 방탄소년단이 한국 가수 최초로 미국 빌보드 싱글 차트 '핫100' 1위에 오르자 이 주장이 다시 제기됐어요.

9월 1일 국민권익위원회가 운영하는 국민신문고[1]에 방탄소년단의 병역 특례를 요청하는 민원이 올라왔습니다. "케이팝의 역사를 새로 쓴 방탄소년단의 병역 혜택를 적극적으로 검토해 이를 실현시켜 주시기 바란다"는 내용이에요. 정치권에서도 비슷한 주장이 나왔어요. 지난 10월 5일 노웅래 민주당 최고위원은 "이제 BTS 병역특례를 진지하게 논의해야 한다. 신성한 국방의 의무는 대한민국 국민에게 주어진 사명이지만, 모두가 반드시 총을 들어야 하는 것은 아니다"라고 말했어요.

찬성 측은 방탄소년단 같은 대중문화예술인들도 국위선양에 기여하는 시대가 되었으므로 병역특례 대상에 포함되어야 한다고 주장해요. 반면 병역특례의 기준이 모호해질 수 있고, 또 다른 공정성 논란을 낳을 수 있다는 반론도 만만치 않아요. 여러분은 어떻게 생각하시나요?

---

1 조선의 신문고제도를 모티브로 만든 온라인 공공민원창구. 국민이 행정기관 등의 위법·부당한 조치, 불공정한 정책으로 권리나 이익을 침해당했을 때, 제기하고 싶은 불편·불만사항이 있을 때, 행정기관의 정책과 의사결정에 의견을 제기할 수 있도록 만들어졌다.

운동선수, 순수예술인은 되는데 대중예술인은 왜 안 돼?

찬성

우리나라에는 '예술·체육요원' 제도가 있어요. 운동선수는 올림픽에서 메달(동메달 이상)을 따거나 아시안 게임에서 금메달을 딴다면 체육요원으로, 클래식·무용 등 순수예술인의 경우 국제대회에서 2등, 국내대회에서 1등을 하면 체육요원으로 복무할 수 있어요. 이들은 4주간의 기초군사 훈련을 거친 뒤 544시간의 사회 봉사활동으로 군 복무를 대체할 수 있죠.

왜 이들에게 이런 혜택을 주는 걸까요? 군 복무를 하는 것보다 자기 분야에서 일하는 것이 국가에 기여하는 바가 더 크다고 판단하기 때문이죠. 예술과 체육은 국가의 이름을 높이고 문화를 발전시키는 분야에요. 이런 이유로 운동선수랑 순수예술인은 병역특례를 허용하는데 대중문화예술인은 포함되지 않으니, 이건 불공정해요.

방탄소년단이 빌보드 차트 1위를 기록하면서 그 효과가 1조 7000억 원에 달한다는 보도가 있었어요. 10년간 60조 원, 올 한해 약 6조 원의 경제효과를 낼 것이라는 예측도 있었습니다. 단순 경제효과 말고, 한류전파와 국위선양의 가치는 추정 할 수 없을거에요. 방탄소년단 때문에 한국어를 배우는 외국인들이 생겨나고, 방탄소년단과 함께 한국어를 배우는 학습 교재가 만들어질 정도니까요.

이렇게 불공정하게 병역특례 제도를 운영하면 '콩쿠르 2등도 군 면제인데, 방탄소년단은 왜 안 되나?'라는 말이 나올 수밖에 없어요. 콩쿠르 대회 2등 입상자와 방탄소년단을 비교하면 누가 더 국위선양에 기여했을까요? 현행 병역특례 관련 법은 무려

47년 전인 1973년에 만들어졌어요. 법이 새로운 시대의 변화를 담고 있지 못하는 만큼 방탄소년단 같은 대중문화예술인도 병역특례 대상에 포함되어야 한다고 생각해요.

불공정 바로잡으려다 또 다른 불공정 생겨난다

'콩쿠르 2등도 군 면제인데, 방탄소년단은 왜 안 되나?'라는 말에는 공감해요. 하지만 이는 오히려 병역특례의 조건을 엄격하게 적용해야 하는 문제이지, 특례 대상을 더 늘려서 해결할 문제가 아니에요. 또 다른 공정성 논란이 일어날 수 있거든요.

"1·2등 죄다 한국인…병역기피 무대 된 콩쿠르" 2018년 9월 13일 MBC 뉴스 기사 제목이에요. 국내에서 열리는 국제콩쿠르대회 중 병역 혜택이 인정되는 대회의 참가자와 입상자가 대부분 한국인이라는 거예요. 충남 천안에서 열린 코리아 국제현대무용콩쿠르 참가자 124명 가운데 외국인은 14명에 불과했고, 병역 혜택이 있는 남자 일반부 본선 진출자 32명 중 30명은 한국인이었다고 해요. 말만 국제대회지

©MBC
NEWS DESK
대회 참가자
남자 금상, 은상이 굉장히 중요하죠. 금과 은만 병역 혜택이 돌아가는 거예요? 네. 맞아요. 저는 이제 가야 될 것 같은데… 군대를요? 네.

MBC 뉴스데스크 "1·2등 죄다 한국인"…'병역기피' 무대 된 콩쿠르 보도화면

사실상 병역면제를 위한 대회라는 것이죠.

운동선수와 순수예술인은 국제대회라는 기준이 있음에도 이런 부작용과 논란이 생겨나고 있어요. 그런데 대중문화예술인은 그 기준조차 정하기 쉽지 않아요. 콩쿠르대회 같은 국제대회는 1~4년에 한 번 열리지만 빌보드는 1주 단위로 차트가 바뀌죠. 만약 전 세계 케이팝 팬들이 '총공(총공격의 준말, 온라인을 통한 집단행동)'으로 차트순위를 올리기 위해 앨범을 공동구매하는 일이 벌어진다면요? 케이팝 팬들이 부도덕하다는 게 아니라, 그런 병역특례 제도가 있는 한 후폭풍은 얼마든지 생길 수 있다는 점을 지적하는 거에요.

다른 장르랑 비교해보면, 기준을 만들기 얼마나 어려운지 실감할 수 있어요. 예컨대 영화인이라면 무엇을 기준으로 삼아야 할까요? 아카데미상 수상? 감독과 주연만 대상에 포함되고 조연은 포함되지 않는지, 베니스나 칸 영화제도 포함 시킬 지, 엄청나게 많은 논란이 벌어질 거에요.

한류가 '국가기간산업'이 되었으므로 병역특례 필요하다

찬성

기존의 병역특례제도에 허점이 있고, 대중문화예술인의 경우 특례 기준이 모호할 수 있다는 점은 인정해요. 그렇다면 우리나라에 있는 또 다른 병역특례 제도, 전문요원·산업기능요원 제도를 살펴볼까요? 우리나라는 연구기관이나 산업체에서 전문연구요원과 산업기능요원으로 복무하는 것으로 군 복무를 대체하도록 하고 있습니다. 현역병 입영 대상자를 기준으로 전문

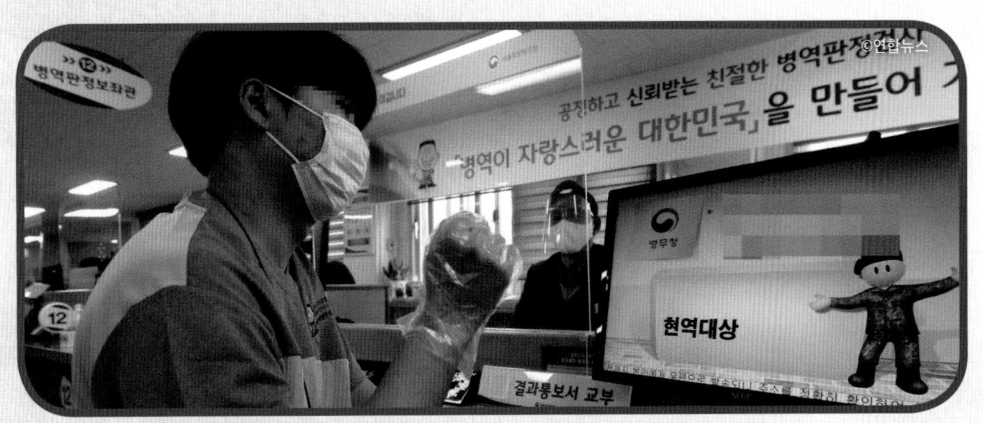

서울지방병무청에서 한 병역 의무자가 현역 대상 판정을 받고 있다.

연구요원은 36개월, 산업기능요원은 34개월 간 연구기관이나 산업체에서 일하면 군 복무를 대체할 수 있어요.

전문 요원이나 산업기능요원에게는 국제대회 수상 같은 기준이 없어요. 일정한 요건을 마련하고 심사해서 특례를 받을 수 있게 하죠. 왜 그럴까요? 과학기술 분야는 미래를 책임지고 국가경쟁력을 높이는 데 기여하는 국가기간산업이기 때문이에요. 같은 논리를 따르면, 한류야말로 미래의 국가기간산업이 아닐까요? 한류가 어떤 국가기간산업 못지 않은 경제효과를 유발하고, 국가의 경쟁력까지 책임지고 있으니까요. 그리고 그 한류의 주역인 방탄소년단에게 특례 혜택을 주자는 것이죠.

민주당 노웅래 의원은 "객관성, 공정성이 우려된다면 여러 전문가로 이루어진 문화·예술 공적 심의위원회를 꾸려서 판단하면 된다"고 말했습니다. 국가를 발전시키고 경쟁력을 높이는 산업에 한류를 포함 시키지 않는 것이야말로 낡은 사고방식이 아닐까요?

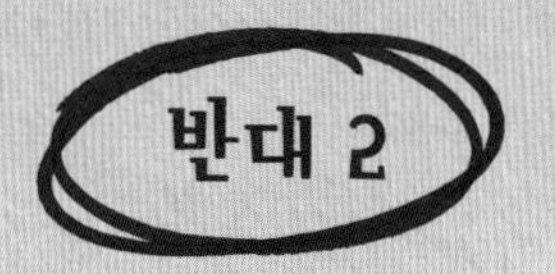

군대 갈 사람 모자라는데, 소는 누가 키우나?

방탄소년단을 일종의 전문요원·산업기능요원으로 볼 수 있다는 주장은 일리 있다고 생각해요. 그런데 전문요원·산업기능요원을 점점 줄여나가는 추세라는 것을 알고 있나요? 병무청은 2002년부터 단계적으로 이 제도의 규모를 감축해나가고 있어요. 출산율이 줄어들면서 군대 갈 사람이 적어지고 있기 때문이에요.

2019년 국방부와 병무청은 병역 판정을 위한 신체검사에서 현역병 기준을 완화하겠다고 밝혔습니다. 예전에는 신체검사에서 4급을 받아 공익근무 대상자였던 사람도 이제는 현역으로 군대에 가야 한다는 뜻이에요. 체질량지수, BMI와 시력 등 일부 신체검사 항목의 기준을 완화해 2021년부터 순차적으로 적용하겠다고 밝혔어요. 병역 대상인 20세 남자 인구가 2017년 35만 명 수준에서 2020년 이후 20~25만 수준으로 줄어들 것으로 예상되고, 2023년 이후에는 군대 갈 사람이 2~3만 명이나 부족해지기 때문이에요.[1]

군대 갈 사람이 부족해서 신체검사 기준도 바꾸는 마당에, 병역특례 대상을 줄이기는커녕 늘리자는 주장이 공감을 얻을 수 있을까요? 일생에서 가장 중요한 시기를 군대에서 보내는 청년들의 박탈감이 더욱 커질 거에요. 국위선양도 좋지만 모든 사람이 국방의 의무를 진다는 원칙을 훼손하면서 특례를 줄 필요가 있을까요?

---

1 문대현, "현역자원 급감, 입영기준 낮춘다…비만·고혈압도 현역 유력", 뉴스1, 2019.09.30.

연합뉴스

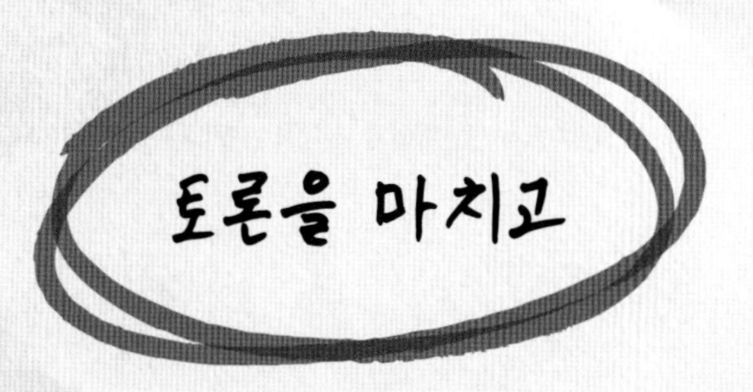

여러분은 어느 주장에 더 공감하셨나요? 여기 소개되지 않은 다른 찬반 근거에 대해 생각해보고 친구들과 함께 토론해보면 좋을 것 같아요. 아, 한 가지 오해하지 말 것! 방탄소년단은 단 한 번도 '병역 특례를 달라'고 주장한 적이 없어요. 92년생으로 입대를 앞둔 방탄의 멤버 진은 "병역은 당연한 의무라고 생각하고 있고 나라의 부름이 있으면 언제든지 응할 예정"이라고 말했어요. 방탄소년단이라는 특정 아이돌 그룹이 아니라 '문화예술인의 병역특례를 어디까지 허용해줄 수 있을까' 또 '과연 병역특례 제도를 공정하게 운영할 수 있는지'라는 더 큰 주제에 초점을 맞추면 더 생산적인 토론이 될 거라 생각해요! 다음에 새로운 토론 주제로 만나요~

영화로 세상 보기

쓰레기가 지구를 지배한다면 어떻게 될까?

애니메이션 <월-E>가 보여준 700년 뒤 지구의 미래

글 조윤호 주니어미디어오늘 편집장

“2020년까지 매장에서 플라스틱 빨대를 없애겠다” 2018년 7월 9일, 스타벅스의 최고경영자 케빈 존슨이 선언했습니다. 아디다스, 아메리칸·알래스카항공 같은 다국적기업들, 대한민국의 서울시도 ‘플라스틱 프리’를 선언하고 이행 중이에요. 잘 썩지 않은 플라스틱 쓰레기들이 자꾸 쌓이면 환경을 오염시키고, 결국 인간이 살 수 없는 지구가 될 거라는 위기의식 때문이에요.

우리의 노력은 지구를 더 깨끗하게 만들 수 있을까요? 픽사의 2008년 작 애니메이션 <월-E>는 지구가 쓰레기더미로 뒤덮이면 어떻게 될지, 그런 세계에서 인간은 어떻게 살아갈지 사실적으로 그려내 극찬을 받은 작품이에요. <주니어미오>와 함께 <월-E>를 더 재밌게 감상해볼까요?

월-E를 보기 전 읽기

때는 바야흐로 먼 미래의 지구. 지구는 쓰레기더미로 덮혀 있고, 한 로봇이 열심히 쓰레기를 청소하고 있어요. 바로 Waste Allocation Load Litter Earth-class(지구 쓰레기 처리반), 약칭 월E에요. 그는 700년 전, 세계적인 초거대기업 BNL사가 지구의 쓰레기를 청소하기 위해 만들어낸 로봇이에요.

BNL사는 지구에 쓰레기가 넘쳐 도저히 인간이 살 수 없는 환경이 되자 '우주 이주 프로그램'을 가동해요. 지구에 남은 인간들을 모두 초호화 우주 여객선 '엑시엄'에 실어서 5년 동안 우주를 항해하게 하고, 그동안 로봇 월E를 총동원해서 지구를 깨끗하게 만들겠다는 대형 프로젝트였어요.

하지만 지구는 오염이 너무 심각해 도저히 5년 안에 청소할 수 없었고, 인류는 기약 없이 우주를 항해하게 됐어요. 그 사이 로봇들은 모두 기능이 정지당하고 파손되었고, 딱 한 대의 월E 62675호만 남아 쓸쓸하게 쓰레기들을 치우고 있었죠.

월E가 만난 700년 뒤의 인간

월E는 어떻게 홀로 살아남을 수 있었을까요? 인간처럼 '감정'이 생겨났기 때문이에요. 모래폭풍이 일어나면 땅을 파서 안에 숨고, 쓰레기를 치우다 발견한 신기한 물건들로 집을 꾸몄어요. 일을 마치고 집에 오면 1969년 뮤지컬 영화 <헬로우 돌리>를 보면서 영화 속 주인공들의 사랑을 동경하고, 일하다 농땡이도 피우고 '노동요'를 들으며 일하기도 하죠. 공포, 기쁨, 사랑 같은 감정들을 배우고, 고장 나면 쓰레기더미 속 부품들로 자기 자신을 수리하는 셀프 수리기능을 익혀 700년 동안 혼자 살아남았던 거에요.

왼쪽에 있는 흰색 로봇이 이브(EVE), 월E가 한 눈에 반해 쫓아다니기 시작해요

그러던 월E에게 한 사건이 일어나요. 쓰레기를 치우다 우연히 식물을 발견한 거에요. 지구에서 다시 식물이 자랐다? 지구가 살아나고 있다는 증거였어요. 그 의미를 몰랐던 월E는 식물을 고이 집에 가져다 놓는데, 며칠 뒤 지구에 우주선 한 대가 나타났어요. 우주선 안에서 하얗고 매끈하게 생긴, 꼭 아이폰을 연상케 하는 로봇 한 대가 나왔어요. 이 로봇의 이름은 이브(EVE). 월E는 공중을 자유롭게 날아다니는 이브를 보고 한 눈에 반해 이브를 쫓아다녀요. 이브도 처음에는 월E를 귀찮게 여기다가, 여러 사건을 거쳐 호감을 갖게 되죠.

월E는 이브에게 집에 보관하고 있던 식물을 보여줬고, 그러자 이브는 식물을 스캔하고 자신의 몸 안에 보관하더니 이내 겨울잠에 들어간 것처럼 보존 상태가 되어버렸어요. 아무리 불러도 응답 없는 이브를 월E는 비가 오나 눈이 오나 곁에서 지켜줬어요. 며칠이 지나자 하늘에서 우주선이 다시 나타났고, 이브를 데려가 버려요. 이브는 **E**xtraterrestrial **V**egetation **E**valuator, 외계 식생 탐색 로봇이었던 거에요. 우주를 항해하던 엑시엄 호가 지구가 다시 인간들이 살만한 환경이 되고 있는지, 식물들이 자라나고 있는지 알아보기 위해 이브를 보냈던 거에요.

우주선이 이브를 납치했다고 생각한 월E는 우주선에 탑승해 엑시엄호로 가게 됐어요. 그곳에서 월E가 만난 인간들의 모습은 700년 전 인간들과 너무 달랐어요. 로봇들이 모든 걸 다 해주기에 누워서 움직이지 않고 생활하고 있었어요. 모든 음식은 음료수로 대체되고, 스크린 속에서 사람들과 통화하고 스포츠도 가상현실로 즐기고 있었죠. 그러다 보니 모두가 고도비만이고, 골밀도까지 약해져 혼자 힘으로는 걷지도 못하는 체형으로 변해있었죠.

한편, 엑시엄 호의 선장은 이브가 식물을 가져왔다는 사실에 깜짝 놀라요. 700년 만에 지구로 귀환할 수 있게 된 거죠. 하지만 어찌 된 일인지 이브가 가져온 식물은 어디론가 사라져 버렸어요. 엑시엄 호 안에 지구귀환에 반대하는 세력이 있는 걸까요? 이브를 따라온 월E는 무사히 지구로 되돌아갈 수 있을까요?

대사 없이 메시지를 전달하는 방법

영화 <월E>는 말을 할 수 없는 로봇들이 주인공인 만큼, 인간들이 등장하기 전까지 대사가 거의 등장하지 않아요. 대사가 있다해도 'Directive?', 'Classified', 'Name', 'Wall-E', 'Eve' 등 단어에 가까운 말들이 전부에요. 덕분에 번역가들은 아주 편했다는 후문이 있지만, 대신 다른 사람들이 힘들었어요. 주인공들의 감정 변화나 상황에 대한 설명을 다른 수단을 통해 전해야 했기 때문이에요.

대사 없이 메시지를 전달하기 위해 <월E> 제작진은 무려 2400개의 사운드 라이브러리를 만들었어요. "충분히 기계적이면서도 마치 영혼을 지닌 듯한" 소리를 만드는 게 목적이었다고 해요.[1] 월E가 로봇이지만 감정을 지닌 로봇이었기 때문이죠.

"월E는 폐기물만 남아 있는 세계에 홀로 남겨져 있는 로봇이에요. 그런 분위기에는 바람의 외로운 사운드나 나이아가라 폭포의 사운드가 어울린다고 생각했어요. 이런 사운드들은 외로움을 표현하기에 알맞거든요."[2] <월E>의 사운드 디자니어 벤 버트가 언론 인터뷰에서 한 말이에요. <월E>가 대사 없이 어떤 방법으로 주인공들의 심정을 드러냈는지에 주목해서 보면 영화를 더 재밌게 볼 수 있을 거에요. 주미

---

1 최하나, "픽사의 걸작 애니메이션 <월·E>는 어떻게 창조되었나", 씨네21, 2008.08.12.

2 맥스무비 취재팀, "[현지 인터뷰] <월E> 사운드 디자이너 벤 버트 "모든 것이 소리의 원천"", 맥스무비, 2008.04.11.

<월-E>에서 쓰레기 때문에 인간들은 지구를 떠나요.
지금 만약 지구에서 인간들이 사라진다면, 지구는 어떻게 될까요?

주인공 월E는 혼자 지구에 남아 있다 인간의 감정을 배우게 되요.
로봇이 인간의 감정을 익히면 어떤 일이 벌어질까요? 나쁜 점은 없을까요?

<월-E>에는 로봇들이 우주를 항해하는 장면이 나오는데,
이 장면에서 몇 가지 과학적 오류들이 있어요.
매의 눈으로 찾아보아요!

인간들이 로봇에 전적으로 의존하면 인간은 어떻게 변하게 될까요?
좋은 점만 있을까요, 아니면 나쁜 점도 있을까요?

<월E>는 대사 없이 다양한 시각, 음향 효과로 주인공들의 감정을 드러냈어요.
말하지 않고 자신의 의사를 표현할 수 있는 방법에는 무엇이 있을까요?

교사 칼럼

네 온라인 수업은 어땠니?

이성철 주감초등학교 교사

얘들아 안녕, 글을 읽는 너희들이 누구인지 모르지만, 먼저 수고 많았다는 말부터 해주고 싶어. 지난 몇 달간의 경험은 우리 모두에게 낯선 시간들이었지? 사상 초유의 온라인 수업은 마치 처음 신은 신발처럼 새롭기도 하고 불편하기도 했을 거야. 하지만 우리 모두는 새 신발을 신고 걸어갈 수 밖에 없었어. 다른 방법이 없기 때문이기도 하고.

그래서 네 온라인 수업은 어땠니? 선생님 수업 이야기부터 해볼까? 선생님은 초등학교에서 6학년 학생들을 가르치고 있어. 원격화상 프로그램인 줌(ZOOM)

이성철 주감초 교사 제공

이성철 교사가 학생들과 ZOOM으로 비대면 수업을 진행하고있다.

으로 학생들과 수업을 진행했어. 지금이야 우리 반 학생들과 별 탈 없이 수업을 하지만 첫날엔 마이크를 켜고 노래를 부르거나 귀여운 쫄쫄이 내복을 입고 춤을 켜는 녀석도 있었단다. 아마 원격 화상회의 프로그램을 사용해본 경험이 없어서 벌어진 일이었겠지. 우여곡절 끝에 학생들과 원격 수업을 시작했는데 처음에는 웹캠과 마이크로 방송하는 내 모습이 유튜브 크리에이터 같아서 사실 쪼금은 신이 났단다. 그런데 수업이 끝나면 목이 쉬어 있었고, 피곤함에 절어 퇴근하기 일쑤였어. 혹시 너희도 그랬니? 온라인 수업을 듣고 나서 알 수 없는 피로함이 몰려오거나 몸이 쑤시는 느낌 말이야. 가만히 앉아서 수업을 하거나 듣는데 왜 학교에 등교해서 공부하는 것보다 힘이 들까?

우리의 뇌는 오랫동안 직접 얼굴을 보며 대화하는 것에 익숙하도록 설계되어 있어. 친구랑 만나서 오늘 점심으로 뭘 먹을지 대화하는데 별다른 주의나 노력을 기울이지 않아도 되지. 하지만 온라인에서의 의사소통은 달라. 화면이 멈추거나 영상과 소리가 맞질 않거나, 화면이나 소리의 지글거리는 잡음들은 우리의 뇌가 대화 중에 더 많이 생각하고 고려하고 계산하도록 하지. 그러니 작은 간섭과 방해에도 불안함과 피곤함을 느끼는 게 당연한 거야.

또 대화할 때 말보다 더 중요한 것이 얼굴 표정이나 몸짓, 목소리의 미세한 변화와 같은 비언어적, 반언어적 표현들이야. 이런 비언어적, 반언어적 표현은 의사소통에서 매우 중요한 역할을 하는데 심지어 의사소통에서 '말'의 내용이 가진 의미의 비중은 7%에 불과하다는 연구도 있어. 그래서 인간은 다른 사람의 감정을 민감하게 읽을 수 있는 능력을 발달시키며 진화해왔어.

그런데 화상 회의 프로그램에서는 얼굴 표정이나 목소리의 느낌 같은 것들이 정확히 전달되지 않으니 감정도 읽을 수 없고 집중하기도 어려워. 그래서 화상 통화를 하다 보면 종종 오해를 불러일으키기도 하는데, 내가 말하는 동안 다른 사람들이 집중을 안

하는 것처럼 화면의 다른 곳을 쳐다보는 느낌이 들기도 해. 사실 학생들은 카메라를 바라보는 것이 아니라 선생님이 설명하는 화면을 바라보기 때문에 눈이 마주치지 않는 것인데 말이야. 오프라인 세계에서는 고민하지 않아도 되는 일인데, 온라인 세계에서 상대방을 만나면서 발생하는 문제들이야.

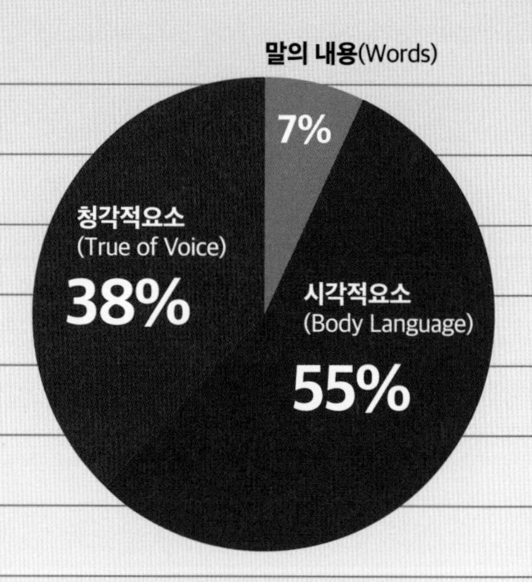

엘리트 메바리언의 메시지의 구성요소

온라인 수업의 피로감은 심리적인 원인에서 비롯되는 경우도 많아. 선생님도 혼자 열심히 떠들며 수업하다가 멈추었을 때, 빈 교실의 적막함과 고요함이 무척 낯설고 이상하게 느껴졌거든. 교실에서 발표를 할 때는 항상 친구들이 옆에 있었지? 발표를 끝나고 박수를 쳐주기도 하고, 말을 보태는 친구들도 있구. 그런데 온라인 수업에서는 발표를 해도 반응해주는 친구들이 없어. 참 이상한 수업이야. 그러니 굳이 발표를 해야 하는 까닭도 모르겠고, 수업은 따분하고 지루하기만 하지. 가끔씩 혼자 공부 하는게 더 낫지 않을까 라는 생각이 들기도 할 거야. 사실 선생님도 마찬가지란다. 수업을 하다보면 학생들이 질문을 던지거나 예상치 못한 주제로 대화를 나누기도 하는데 그런 게 바로 수업의 즐거움이고 재미라고 생각하거든. 그런데 온라인 수업을 하면서 그런 즐거움과 재미를 느끼기 어려워졌어.

물론, 온라인 수업이 나쁜 것만은 아니야. 우연한 기회에 전국에 있는 학생들 300명을 대상으로 수업을 해야 하는 상황이 있었는데, 원격화상 회의 프로그램을 이용해 이런 대규모 수업을 편하게 진행할 수 있었어. 그리고 과학 시간에 숲에 사는 생물들에 대해 공부한 뒤, 숲에 대해 잘 알고 있는 해설가 선생님과 원격으로 연결해서 수업을 들을 수 있었어. 교실이라는 공간적 한계를 뛰어넘어 수업을 들을 수 있다는 건 정말 큰 장점이야.

온라인 수업을 진행하며 과유불급(過猶不及)이라는 사자성어를 다시 한 번 떠올리게 돼. '지나침은 모자람만 못하다'라는 뜻이야. 디지털 기술을 설명하는데 이처럼 잘 어울리는 말이 있을까? 적절하게 사용하면, 우리 생활에 큰 도움을 주지만 지나치면 몸과 정신을 망치기도 하지. 다른 한편으로는 오프라인에서 얼굴을 맞대고 이야기 나눌 수 있었던 시기가 그리워. 사람과 사람 사이의 연결은 디지털 기술로 온전히 채울 수 없는 무언가가 있다는 것을 크게 느꼈기 때문이지. 디지털 기술과 미디어가 발전하면, 미래에는 VR기어 같은걸 머리에 둘러 쓰고 가상 교실에 접속해서 수업을 듣게 될까? 그래도 친구들이랑 수다도 떨고, 운동장에서 놀 수 있는 학교를 그리워하게 될 것 같아. 하루빨리 컴퓨터 모니터 앞에서 일어나 마스크를 벗고 즐겁게 공부하고 놀 수 있는 날들이 다시 오길 기다릴게!

온라인 수업과 오프라인 수업, 무엇이 달랐나요?

온라인 비대면 수업에서 가장 힘든 점이 무엇이었나요? 해결책은 무엇일까요?

코로나19 관련한 가짜뉴스나 허위정보 중에 기억에 남는 게 있다면 무엇이었고, 왜 기억에 남았을까요?

뉴스 뒤집어보기

법무부 장관과 언론의 다툼, 누구 말이 맞을까?

글 금준경 미디어오늘 기자

'뉴스 뒤집어보기'는 하나의 이슈를 집중적으로 파헤쳐보는 코너입니다. 뉴스가 다루는 사건, 뉴스가 된 사건을 들여다보면서 생각해 볼 거리는 무엇인지 짚어볼게요. 첫 시간에는 언론이 뉴스에 등장한 독특한 이슈를 다룹니다. 바로 추미애 법무부 장관과 언론이 다투고 있다는 뉴스입니다.

장관과 언론이 싸웠어요? 어떤 사건인가요?

10월15일, 추미애 법무부 장관이 아파트 앞에서 자신의 출근길을 취재하는 사진기자를 보고 화가 난 것 같아요. 추미애 장관은 이 사진 기자의 얼굴을 찍어 페이스북에 올렸습니다. 페이스북에 이렇게 썼어요. "아파트 앞은 사생활 영역이니 촬영 제한을 협조 바란다는 공문을 각 언론사에 보냈는데 기자는 그런 것은 모른다고 계속 뻗치기를 하겠다고 한다."

언론은 어떻게 대응했어요?

언론은 일제히 추미애 장관을 비판했어요. 언론사는 다른데 제목은 정말 비슷하죠?

비슷비슷

"취재한다며 출근 방해 기자 사진 찍어 SNS에 올린 추미애"(국민일보)

"추미애 '집앞 뻗치기 왜 하나' 기자 얼굴 SNS 올려 논란"(중앙일보)

"추미애 '취재진 때문에 출근 못하겠다' 좌표 찍듯 기자 얼굴 찍어 SNS 올렸다"(서울신문)

"'기자가 사생활 침해 선 넘어' 찰칵…선 넘은 추미애의 좌표찍기"(한국일보)

이어서 기자들이 소속된 한국기자협회·한국사진기자협회에서 성명을 내고 추미애 장관에게 게시글 삭제와 공개 사과를 요구했어요. 다음 날 17일 조선일보, 동아일보 등은 이 성명 내용을 언급하며 추미애 장관을 비판했고요. 20일에는 언론사 구성원들을 대표하는 단체인 전국언론노조도 성명을 내고 "정치인들은 언론인 개인을 공격하는 잘못을 중단해야 한다"고 밝혔어요. 사과 요구가 이어졌지만 추미애 장관은 입장을 내지 않고 있어요.

언론은 왜 비판을 하는 거죠?

언론사들과 언론 단체들은 아파트 앞에서 장관이 출근하는 모습을 찍는 일은 사생활 침해로 보기 힘들다고 봤어요. 그리고 취재 중인 기자의 얼굴을 찍어 올리거나 이름을 언급하면서 자신의 지지자들이 기자에 대해 비판하도록 유도하는 행위를 '좌표찍기'라고 하는데요. 공인을 취재하는 기자에 대한 좌표찍기는 과도하다는 지적도 많았어요.

하나씩 알아보면 좋겠어요
집 앞에서 사진을 찍는 건 사생활 침해 아닌가요?

집 앞은 어떤 공간일까요. 아파트의 경우 현관 앞이 여러 사람들이 함께 쓰는 공간이긴 한데, 특정 개인의 사적인 공간으로 보기는 어려운 거 같아요. 사생활 침해인지 아닌지 판단할 때 '장소' 외에도 고려할 점들이 있어요. 당사자가 공인인지, 당시 어떤 상황이었는지를 함께 생각해야 합니다. 추미애 장관은 공인이고, 당시 가족들과 놀러 가는 길이 아니라 정부에서 업무용으로 제공한 관용차를 타고 출근하는 길이었기 때문에 사생활로 볼 수는 없어요.

공인이 뭔가요?

연예인들이 논란을 일으켜 사과할 때 "공인으로서 책임을 느낍니다"라고 말하는 것을 본 적 있죠? 하지만 사실 연예인을 공인으로 보긴 힘들어요. 공인은 원래 '공직에 있는 사람'으로 주로 고위 공무원을 뜻하는 표현입니다. 나아가 대형 언론사 사장처럼 사회적 책무를 가진 사람들도 공인에 포함됩니다. 연예인은 공인이라기보다 유명인이라고 할 수 있겠죠.

추미애 장관은 장관이니 당연히 공인이라고 할 수 있어요. 누군가 여러분이 학교 가는 길을 동의없이 사진으로 찍는다면 사생활 침해지만, 출근하는 장관의 모습은 그렇지 않은 거죠. 심지어 공인일 경우 집 안을 찍어도 업무와 관련된 일을 하고 있었다면 사생활 침해라 보지 않기도 해요.

©연합뉴스

공인

기자들은 왜 남의 집 앞에서 사진을 찍나요?

추미애 장관은 '뻗치기'라는 표현을 썼는데요. 기자들이 누군가를 하염없이 기다리면서 대기하는 취재 방식을 '뻗치기'라고 불러요. 추미애 장관처럼 취재해야할 공인이 있으면 기자들은 뻗치기를 하면서 그 사람이 나올 때까지 기다려요. 나오면 질문을 하거나 사진을 찍어서 기사를 쓰는 거죠.

저라도 기분 나쁠 거 같아요 굳이 집 앞에서 취재할 필요가 있나요?

기자들이 장관 집 앞에서 '뻗치기'를 하는 게 좋은 취재라고 보기는 힘들어요. 두문불출하던 인물을 발견해낸 것도 아니고 매일 출근하는 장관의 출근길 모습을 찍는 게 뉴스로서 가치가 있는 일이라고 생각하지는 않아요. 기자들이 이렇게 사진을 찍고선 표정이나 제스처를 악의적으로 해석해서 일방적인 기사를 써 사회적으로 논란이 된 적도 있죠. 출근길을 찍는 거라면 집 앞에 아니라 법무부 청사 앞에서 찍어도 문제가 없겠죠.

©연합뉴스

하지만 좋은 취재가 아니더라도 절대 하면 안 되는 취재도 아니잖아요. 사진 취재의 특성상 '뻗치기' 취재가 필요하기도 해요. 사진은 예상치 못한 우연한 순간을 잡아내서 화제가 되기도 하잖아요. 미국의 저명한 언론상인 퓰리처상을 받은 사진들도 우연한 순간을 포착한 경우가 많아요. 그러니 반드시 찍어야 할 순간과 그래선 안 되는 순간을 구분하는 건 언론의 자유를 제약시킨다는 비판도 만만치 않아요.

'좌표찍기'가 뭔가요?

'총공'을 유도하는 행위라고 보면 돼요. 정치인들이 언론의 취재 방식이나 기사 내용에 문제가 있다고 생각하면 기자 이름을 공개적으로 언급하는 경우가 있어요. 그러면 지지자들이 기자에게 항의메일을 보내거나 신상을 터는 방식으로 비판을 하곤 해요. 추미애 장관은 기자의 얼굴까지 찍어올려서 더 큰 논란이 된 거죠. 물론 비판이 제기되자 추미애 장관은 기자 얼굴에 모자이크 처리를 했어요.

커뮤니티에서 기자 좌표 찍는 거 많이 봤어요 이게 큰 문제인가요?

인터넷 커뮤니티나 소셜미디어를 보면 왜곡 보도를 한 기자의 이름을 거론하면서 비판하는 경우가 많죠? 시민 스스로 기자를 비판하는 건 충분히 할 수 있다고 생각해요. 그런데 막강한 권력을 갖고 있는 장관이 특정 기자의 이름을 거론하는 건 다르게 봐야 하지 않을까요? 이렇게 좌표를 찍지 않더라도 충분히 자신의 입장을 드러낼 수 있는 방법이 많잖아요. 더구나 취재 자체가 과도했다고 보기도 힘들었으니, 좌표찍기가 정당화되기는 힘들 거 같아요.

기자는 자신의 이름을 드러내고 기사를 쓰잖아요

그래서 기자를 향한 좌표 찍기가 문제가 없다고 생각하는 사람들도 많아요. 기자가 하는 일 역시 공적인 것으로 볼 수 있고, 기자 스스로 자신의 기사에 책임을 진다는 의미에서 이름을 기사에 쓰고 있기도 하죠.

하지만 언론 보도로 인한 문제가 있으면 기자 개인보다는 그 기자가 소속된 언론사에 책임을 물어야 한다고 생각해요. 기자들은 데스크라고 하는 상사의 지시를 받아 취재를 하게 돼요. 기사 제목을 정하는 것도, 기사 내용에 대해 최종 검토를 하는 것도 기자 개인이 아니라 데스크, 나아가 언론사가 총괄하고 있는 거죠. 물론 기사에 기자 개인의 이름이 뜨니 그 사람만의 기사라고 생각하기 쉽지만, 실은 언론사 전체가 지시하고 판단한 결과물이니 언론사에 책임을 묻는 게 적절하다고 생각해요.

언론은 반성할 게 없을까요?

이 문제는 언론인 사이에서도 의견이 분분합니다. 언론노조는 성명에서 사생활 영역의 질문이나 신변잡기식 무차별 취재를 하면 편견을 조장하거나 낙인찍기로 악용될 수 있다며 언론 스스로의 반성이 필요하다는 내용도 담았어요.

언론은 어떻게든 기사를 쓰기 위해서 무리한 취재를 할 때가 있어요. 조국 전 장관 딸이 혼자 사는 집에 찾아가서 밤 늦은 시간 초인종을 누르고 취재를 한 일도 있었고요. 논란이 터지면 사실인지 아닌지 꼼꼼하게 확인도 안 해보고 의혹이 사실인 것처럼 기사를 쏟아내는 경우도 많았어요. 그래서 '기레기' '기더기'라는 말이 많이 쓰이죠.

물론 이번 일만 놓고 보면 상대가 공인이기에 취재는 정당하다고 볼 수 있어요. 하지만 언론에 분노하는 사람들은 이번 일만 떼 놓고 보는 게 아니라 그동안 벌어진 일에 대한 문제의식이 쌓여 있었다는 점을 함께 고민할 필요가 있어요.

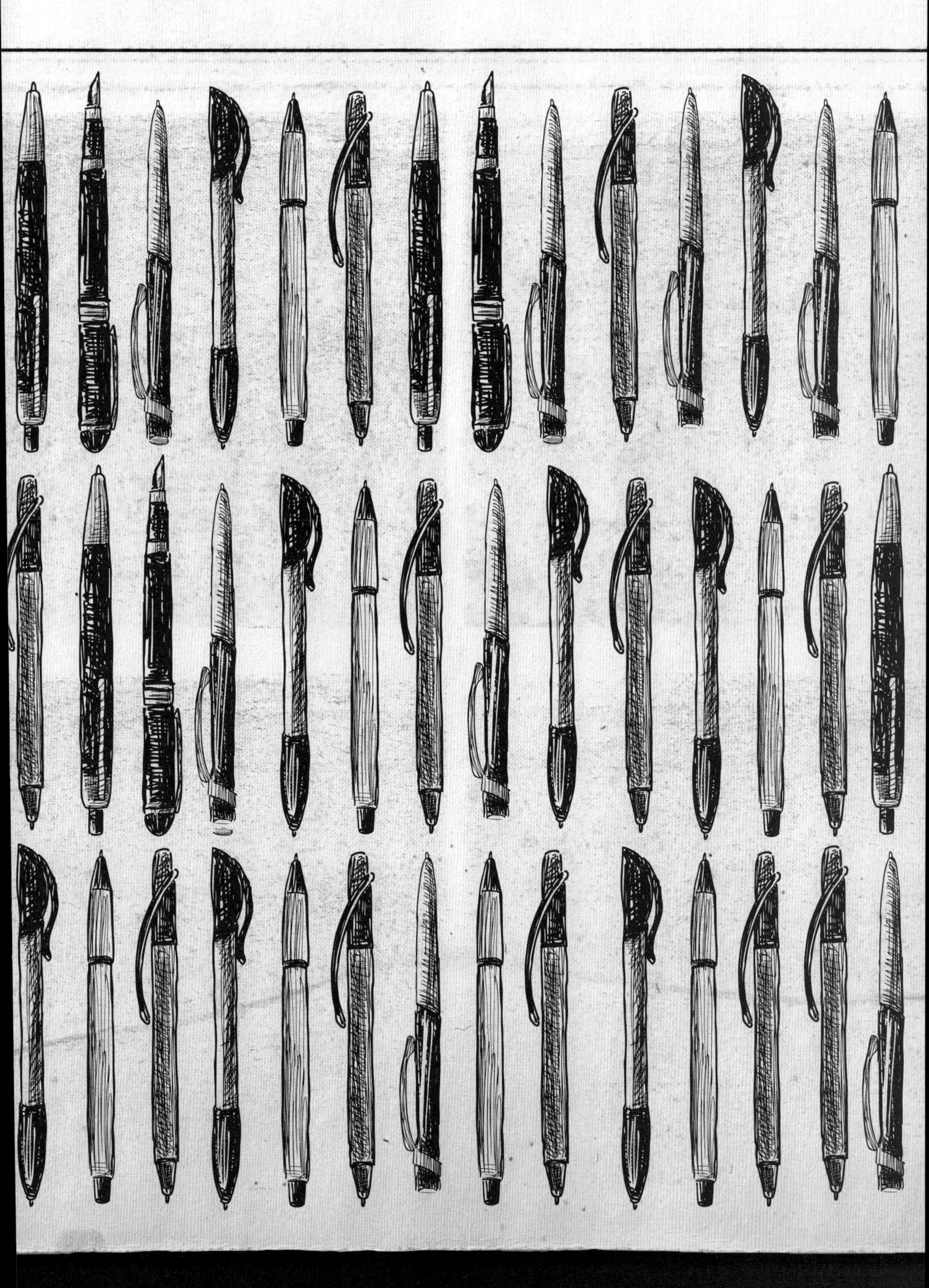

미디어 키워드 News

우리를 배신한 뒷광고

글 금준경 미디어오늘 기자

요즘 유튜브에서 가장 주목을 받는 '챌린지' 영상이 뭘까요? 지코의 '아무노래 챌린지'가 떠들썩했고, 코로나19 국면에서는 '달고나 커피 챌린지'가 전 세계로 퍼져나갔어요. 하지만 요즘 가장 주목을 받는 건 바로 '사과영상 챌린지'라고 해요. 뒷광고 논란이 불거지면서 사과하거나 해명한 유튜버들이 70명이 넘는다고 하니 이만하면 '챌린지'가 아니냐는 말이 나올 정도죠.

'미디어 키워드 News'는 주요 미디어에서 가장 주목 받은 키워드를 중심으로 여러분이 궁금해 할 만한 내용을 정리하는 코너에요. 첫 시간으로 한국 사회를 떠들썩하게 만들었던 뒷광고 문제에 대해 알아볼 거예요.

뒷광고, 정확한 의미가 뭔가요?

유튜브 콘텐츠를 만들 때 돈을 받고 제품이나 브랜드를 홍보하면서도 광고임을 알리지 않는 콘텐츠를 말해요. 여기서 말하는 광고는 영상 앞, 뒤, 중간에 붙는 광고가 아니라 콘텐츠 안에 들어간 광고로 드라마 속 PPL(간접광고)과 유사한 개념이라고 할 수 있습니다. 발단은 연예인 유튜버들이 올린 '내돈내산' 리뷰 콘텐츠에 우리도 모르는 광고가 숨어있다는 사실이 드러나면서였어요. '내 돈 주고 직접 샀다'면서 알고 보니 돈을 받고 만든 광고였던 거죠.

이 논란을 계기로 다른 유튜버에 대해서도 의심이 커지던 상황에서 결국 일이 터졌어요. 8월4일 '애주가 참PD'라는 유튜버가 유명 유튜버들을 언급하며 이들이 고액을 받고 특정 제품이나 서비스를 리뷰하면서도 광고임을 밝히지 않았다고 폭로했어요. 이때 참PD가 쓴 표현이 '뒷광고'라서 이 같은 광고 행위에 뒷광고라는 이름이 붙었어요. 이후 리뷰는 물론 장소 협찬 등 여러 종류의 뒷광고 문제가 불거지며 70명이 넘는 유명 유튜버들이 사과했어요.

다만 뒷광고의 의미는 사람마다 다르게 쓰고 있어요. 처음에는 광고라는 사실을 전혀 언급하지 않는 광고를 '뒷광고'라고 불렀는데 시간이 흐르면서 영상 설명글에 광고라고 언급을 하더라도 굳이 '더보기'를 누르지 않으면 광고 언급이 보이지 않거나, 댓글이나 영상 끝부분 등 잘 보이지 않는 곳에 광고임을 표시하는 등 광고임을 제대로 알리지 않은 영상도 뒷광고라는 비판을 받았어요.

왜 유튜버들은 뒷광고를 했을까요?

광고라는 사실을 숨기면 유튜버에게 어떤 이익이 있을까요? '피자 브랜드에서 협찬을 해 줘서 리뷰합니다'고 말한 다음 먹방을 하면 여러분은 그 먹방을 집중해서 볼까요? 돈을 받은 사실을 얘기하면 아무리 냉정하게 평가를 해도 진정성 있어 보이지 않겠죠. 굳이 시간 내서 돈 받고 만든 리뷰 콘텐츠를 보고 싶어하는 사람은 많지 않을 거예요. 그래서 '제가 직접 돈 주고 산 피자를 리뷰해보겠습니다'라면서 시청자를 속이게 됐어요.

처음에는 광고임을 언급하던 유튜버들이 시간이 흐를수록 광고 사실을 숨기기도 해요. 한 유튜버는 "첫 광고를 받으면 이제 광고를 받을 수준이 됐다며 이를 알리지만 이후 연속으로 광고를 올리게 되면 독자들이 외면하지 않을까 우려해 광고라는 사실을 언급하지 않고 구독자를 속인다"고 말했어요.

이렇게 표시를 해야하지만 광고 사실을 숨기는 유튜버들이 많았다.

손뼉도 마주쳐야 소리가 나는 것처럼 뒷광고는 유튜버 혼자서 벌인 문제는 아니에요. 기업 등 광고주가 직간접적으로 뒷광고를 요구해왔어요. 광고주는 광고임을 솔직히 드러내는 것보다는 티가 안 나게 리뷰를 하게 만들어 광고 효과를 높인 거죠. 광고라는 사실을 언급하지 말라고 일일이 지시하지 않더라도 유튜버들은 광고 콘텐츠 조회수가 잘 나와야 하기 때문에 광고임을 언급하지 않는 경우가 많았어요. 유튜버들에겐 광고 콘텐츠 조회수가 곧 광고의 실적이 되거든요.

뒷광고 논란이 벌어지고 나서 어떤 유튜브 콘텐츠 제작사는 광고주로부터 "광고임을 제대로 표시하게 하면 광고를 주지 않겠다"는 입장을 전달받았다고 해요. 광고주 역시 뒷광고를 원했다는 점을 보여주는 대목이에요.

유튜브 뒷광고만 문제일까요? 다른 곳에서는 이런 문제가 없었나요?

유튜버들의 뒷광고가 논란이 됐지만 뒷광고는 어느 미디어에서나 흔히 찾아볼 수 있어요. 신문, 방송, 블로그, 소셜미디어 등에서 뒷광고 문제는 끊임없이 벌어지고 있어요.

'트루맛쇼'라는 다큐멘터리 영화가 있어요. 방송사 맛집 프로그램에서 선정한 '맛집'이 알고 보니 식당으로부터 돈을 받고 만든 광고였다는 사실을 폭로하는 내용이에요. 이런 식으로 방송사 교양 프로그램에서 소개하는 맛집이나 건강 제품이 실은 '뒷광고'인 경우가 많았어요. 포털 뉴스 기사 중에는 돈을 받고 기업을 홍보해주는 경우도 적지 않고요. 언론사들이 뒷광고

문제를 보도하면서 유튜버들을 비판하는데, 그럴 자격이 있는지 의문이 들긴 해요.

블로그는 또 어떻고요. '블로거지'라는 말을 혹시 알고 있나요? '블로거'와 '거지'를 합성한 말인데, 식당에 찾아가서 맛집이라고 소개해주는 대가로 공짜로 밥을 달라고 하는 블로거들을 가리키는 말이에요. 블로그는 광고 천국이라고 할 정도로 문제가 심각한 걸 잘 알죠? 블로그에서 맛집을 검색할 때 광고를 거르는 노하우가 있을 정도잖아요.

왜 이렇게 많은 사람들이 유튜버들에게 화가 났을까요?

'배신감'이 들었던 거 같아요. 유튜브와 다른 미디어의 차이가 뭘까요? 우리는 사람 개인에 대해 관심을 갖고 유튜브를 구독하잖아요. 유튜버들은 우리에게 친근한 존재였고, 가깝게 소통했고, 무엇보다 기존의 미디어와 다른 솔직함을 보여줬죠. 그렇다 보니 사람들이 유튜버에게 더 큰 애정을 갖고 더 큰 신뢰를 보냈어요. 대학내일20대연구소 설문조사 결과 제품을 구매하거나 서비스 이용을 위한 정보를 얻고 싶을 때 어떤 인물의 조언이 더 믿을 만한지를 묻자, 유튜버에 대한 신뢰도가 연예인보다 크게 높았다고 해요.

언론사 지디넷코리아가 온라인 설문 방식으로 20~40대 남녀 3479명에게 조사한 결과 10명 중 7명은 "구독자를 기만한 행위"라는 취지에서 뒷광고가 '문제가 있다'고 답변했어요. 문제가 있다고 답한 사람들에게 그 이유를 물었더니 "믿고 보는데 거짓을 말하는 건 작은 거라도 사기라고 생각함", "구독

자를 기만한 행위이기 때문", "영향력을 이용한 일종의 사기이자 구독자를 기만하는 것" 등의 의견을 남겼어요. 믿는 사람들을 기만하고 배신했다는 점에서 문제를 느끼는 거죠.

콘텐츠에 광고가 들어가는 게 꼭 문제일까요?

콘텐츠와 광고가 결합된 형태를 무조건적으로 비판할 필요는 없다고 생각해요. 이를 브랜디드 콘텐츠라고 부르는데, 광고지만 재미나 감동 요소를 갖추고 있어서 매력적인 콘텐츠가 되는 경우도 있어요.

유튜버 장삐쭈의 광고 콘텐츠가 대표적이죠. 플레이스테이션4 게임 광고라면 보통 게임이 재밌다거나 성능이 좋다는 얘기를 할 텐데 장삐쭈의 광고 콘텐츠는 이런 고정관념을 깨요. 대신 게임기를 몰래 산 남편이 아내에게 와이파이 공유기라고 속이고, 위기가 올 때마다 임기응변으로 아슬아슬하게 넘기면서 조마조마한 심정으로 지켜보게 만들어요. 광고임에도 사람들이 굳이 시간을 내면서 찾아볼 정도예요.

광고는 미디어에 중요한 요소이기도 해요. 언론은 성공한 몇몇 유튜버들 사례만 부각하다보니 유튜브만 하면 큰 돈을 벌 수 있을 거 같지만 그렇지 않아요. 영상 앞, 뒤, 중간에 붙는 일반 광고만으로는 수익성이 높은 편이 아니거든요. 특히 와썹맨, 워크맨, 라끼남처럼 방송사 차원에서 콘텐츠를 만들려면 연예인을 섭외하고 많은 제작진이 필요하기 때문에 생각보다 돈을 많이 벌지는 못한다고 해요. 그래서 광고를 받아 콘텐츠에 잘 접목시키는 광고가 주목을 받게 됐어요.

돈을 받고 만들어도 우리에게 콘텐츠로서 가치가 있다면 나름의 의미가 있다고 생각해요. 유튜버나 제작사들이 돈을 더 많이 벌어야 새로운 콘텐츠에 적극적으로 투자할 수 있고, 그러면 시청자들이 즐길 거리가 더 늘어나겠죠.

유튜버 장삐쭈 [장비쭈 단편선] 플레이스테이션 화면 갈무리.

유튜버들은 뒷광고로 얼마나 벌었을까요?

유튜버들의 광고 단가를 확인해보면 대략적인 현황을 알 수 있어요. 유명 MCN업체들과 인터넷 콘텐츠 제작사들이 광고주에게 제공한 광고제안서를 확인해보니 한 웹예능 프로그램의 광고 단가는 1억원에 달했어요. 100만명 이상의 구독자를 보유한 유튜버들은 주로 대기업으로부터 1000만~6000만원 정도를 받고 광고 콘텐츠를 제작하고 있어요.

규모가 커야만 광고를 할 수 있는 건 아니에요. 요즘은 나노 인플루언서라고 규모가 작은 채널이라도 독자층이 분명하면 광고주가 비교적 적은 돈을 내고 광고를 하는 경우도 많아요. 광고 제안서들을 보면 구독자 1만~5만명대 유튜버들은 건당 100만~300만원대에 광고 콘텐츠를 제작했어요.

뒷광고를 처벌한다는데, 어떻게 하는 건가요?

광고라는 사실을 제대로 언급하지 않은 광고주와 사업자는 이제 처벌을 받을 수 있어요.

공정거래위원회는 뒷광고 문제에 대응하기 위해 9월부터 새로운 추천보증심사지침을 시행하고 있어요. 이 지침을 어기는 사업자는 처벌을 받게 돼요. 주로 광고주들이 처벌을 받고, 사업자로 등록이 된 유튜버들도 처벌을 피하기는 어렵다고 해요.

공정위는 광고주와 콘텐츠 제작자의 '경제적 이해관계'가 있을 때 광고임을 분명하게 명시하도록 했어요. 또 광고임을 명시할 때는 쉽게 알아볼 수 있게 '광고' '금전적 지원' '상품 협찬' 등 명확한 표현을 써야 하고요. '체험단' '선물' '숙제' '서포터즈' 'sponsored' 'partner' 'Collaboration'과 같은 모호한 표현을 써선 안 돼요.

영상에 광고를 한 번만 언급해도 처벌을 받을 수 있어요. 공정위 지침에 따르면 영상 제목에 광고임을 표기해야 하고 영상 내용에는 처음과 끝, 그리고 영상 곳곳에 반복적으로 광고임을 알려야 해요. 유튜브 라이브 방송이라면 자막 또는 음성을 통해 반복적으로 알려야 하고요. 유튜브 영상 하단에 '더 보기'를 눌러야 광고 고지가 뜨거나, 댓글을 통해 알리거나, 영상 내부에 언급을 했지만 글씨 크기가 지나치게 작거나 색깔이 눈에 띄지 않는 방식으로 고지를 해선 안 돼요.

유튜브는 처벌을 받지 않는다는데 문제 있는 거 아닌가요?

유튜브가 전세계적으로 올라오는 모든 영상에 대해 일일이 살펴보기는 힘들겠죠. 광고인지 아닌지 티가 안 나는데 일일이 검열할 수도 없을 거고요. 그렇다고 유튜브의 책임이 전혀 없다고 생각하지는 않아요. 아무 것도 안 했던 건 아니지만 최선을 다하지도 않았어요. 유튜브에는 영상을 올리는 과정에서 그 콘텐츠가 광고라면 '유료광고포함' 여부를 체크하는 기능이 있어요. 체크를 하면 영상에 '유료광고포함'이라는 메시지가 나가게 돼 시청자들이 분명히 인지할 수 있죠. 유튜브는 이 기능을 권고하기만 했을 뿐 의무적으로 쓰도록 강제하지는 않았어요. 그러다 9월 공정위 지침이 나오니 이제야 규정을 바꿔서 의무적으로 명시하도록 했어요. 애초부터 좀 더 강하게 정책을 세웠으면 어떨까하는 아쉬움이 들어요.

이제 뒷광고가 사라질까요?

9월 이후 평소에 광고라는 사실을 표시하지 않던 유튜버들이 곳곳에 적극적으로 광고임을 알리고 있어요. 책, 영화, 장난감 리뷰는 물론 유튜브를 통한 언론사 뉴스 채널도 이제 광고라는 언급을 제대로 하기 시작했어요. 생각보다 광고가 많아서 당황스러울 정도예요. 애초에 제대로 표시했다면 좋았을 텐데 말이죠.

하지만 뒷광고가 알아서 사라질 거 같지는 않아요. 당장 규제가 만들어지면 유튜버들이 긴장을 하겠지만 제대로 처벌 받지 않는 상황이 이어지면 다시 뒷광고가 늘어날 수 있어요. 공정거래위원회가 새로운 지침을 발표하긴 했지만 뒷광고를 처벌하려면 실제 광고 거래가 있었는지를 파악해야 하는데 당사자가 밝히지 않는 한 제대로 알기는 힘들어요. TV 방송에서도 일부 뒷광고는 법으로 처벌할 수 있는데, 개선이 되지 않는 것도 같은 이유 때문이에요.

규제로 문제를 해결할 수 없다면 어떻게 해야 할까요?

유튜브는 하나의 생태계라고 생각해요. 생태계의 구성원들이 각자 생태계를 가꾸기 위한 역할을 할 필요가 있어요. 우선 유튜버 스스로의 노력이 필요하겠죠. 다행히도 인기 유튜버들이 소속된 샌드박스네트워크, 다이아TV 등이 회원사로 가입된 한국MCN협회에서 자체적으로 규율을 만들고 자정하겠다고 밝혔어요. 샌드박스네트워크는 정기적으로 광고 표기에 대해 크리에이터들을 교육하겠다고 밝히기도 했어요. 많은 시청자들이 분노한 영향으로 개선이 이뤄지고 있으니 긍정적인 변화라고 할 수 있죠.

뒷광고에 속지 않기 위한 가이드라인

#1. 광고 여부를 명시하는 크리에이터인가?

#2. 해당 기업과 크리에이터가 뒷광고 문제 없었나?

#3. 장점만 말하지 않는가?

#4. 단점을 언급하되 치명적인 단점을 외면하는가?

#5. 댓글을 통해 의구심이 제기되지 않는가?

#6. 콘텐츠 몇 개만 보고 구입에 나서려고 하지 않는가?

#7. 동시다발적으로 특정 리뷰 콘텐츠가 급증하는가?

우리 시청자들도 광고 콘텐츠를 보는 안목을 기를 필요가 있어요. 먼저 유튜브 리뷰 콘텐츠를 볼 때 광고인지 아닌지 제대로 언급하는지 살펴봐야 해요. 광고를 일절 받지 않거나, 광고를 받았을 때 분명하게 언급해야 리뷰의 신뢰도가 올라간다고 생각하기에 뒷광고를 하지 않는 유튜버들도 있어요. 해당 기업과 유튜버가 뒷광고 문제가 있었는지도 따져봐야 하고요.

내용 측면에서는 장점만 말하지 않는지도 살펴봐야겠죠. 그런데 뒷광고도 점점 진화하고 있어서 요즘은 일부러 단점을 언급하는 뒷광고들도 있어요. 그러니 제품의 단점을 언급하면서도 치명적인 단점은 외면하지 않는지까지 살펴보면 좋아요. 매의 눈으로 광고인지 아닌지 찾아내는 시청자들도 있으니 다른 사람의 평가도 두루 살펴보고요.

제품을 살지 말지 망설일 때 유튜브 영상을 보고 결정하는 경우가 많은데요. 콘텐츠 몇 개만 보고 결정하기보다는 다른 유튜버를, 다른 매체에서 나온 후기들을 살펴보면서 신중하게 생각할 필요가 있어요. 주변에 관련 제품을 구입한 친구나 지인이 있으면 장단점을 직접 확인해보면 더 좋겠죠.

끝으로 리뷰의 타이밍도 중요해요. 신제품도 아닌데 갑자기 동시다발적으로 리뷰가 급증하면 수상하다는 생각을 할 필요가 있어요. 광고주들이 광고비를 쓸 때는 보통 한 곳에만 쓰지 않고 여러 곳에 동시다발적으로 쓰거든요.

광고 덕분에 콘텐츠를 만드는 사람들이 돈을 많이 벌 수 있고, 우리는 공짜로 양질의 콘텐츠를 볼 수 있지만 선을 넘은 광고들은 이렇게 사회적인 문제가 되곤 해요. 정부와 유튜버, 광고주도 노력해야겠지만 다른 한편으로는 우리 시청자 스스로의 노력도 필요해요. 무엇보다 이번 뒷광고 논란을 계기로 미디어가 언제든 우리를 속일 수 있으니 의심하면서 봐야 한다는 점을 기억하면 좋겠어요.

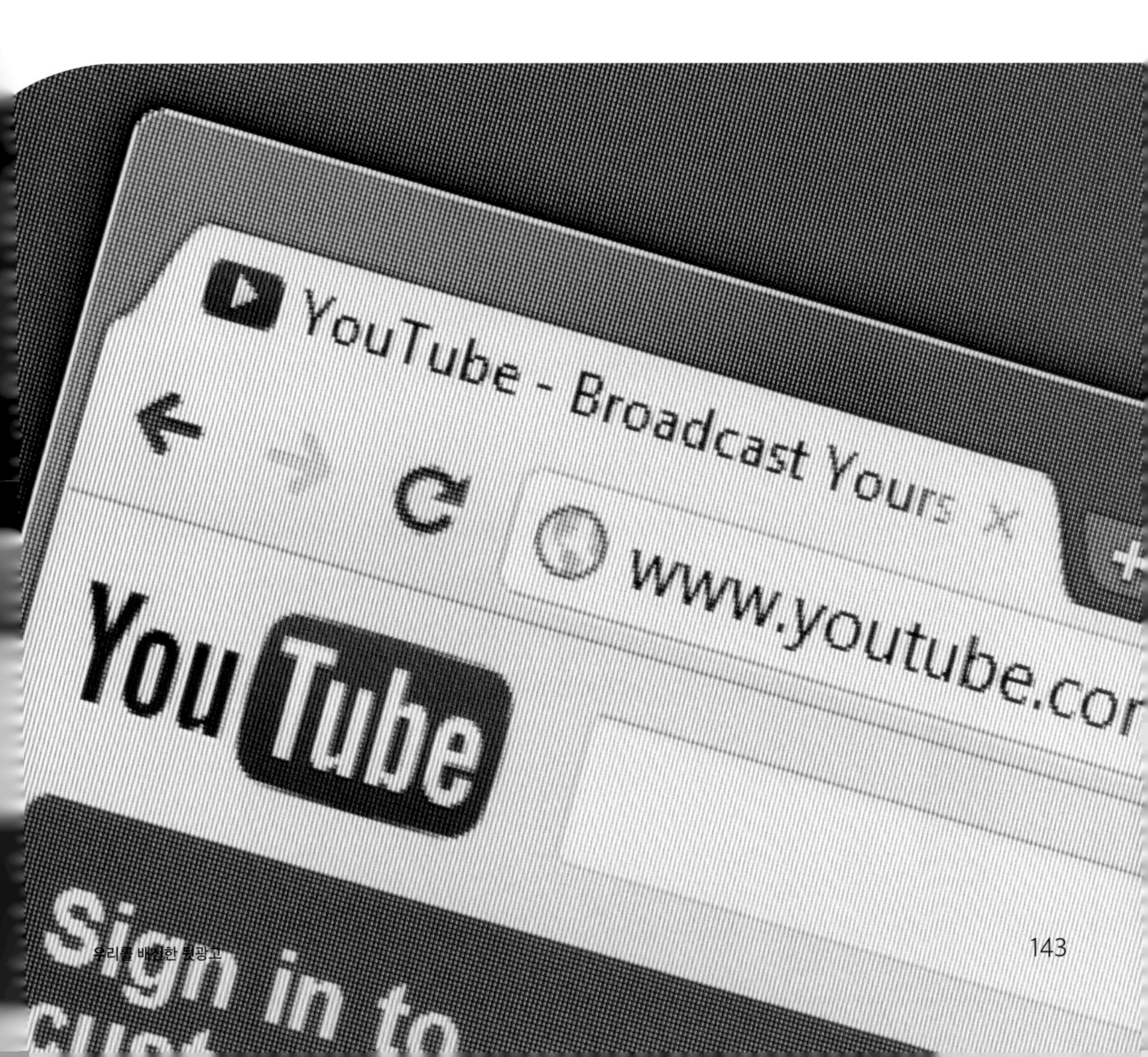

가짜뉴스의 달인들

중국 최고 지략가 제갈량, 알고 보면 가짜뉴스의 달인?

글 조윤호 주니어미디어오늘 편집장

제갈량, 자는 공명. 중국의 유명한 소설 <삼국지>를 읽어보지 않았어도 이름은 한 번쯤 들어보셨죠? 천재 지략가 제갈량의 명성은 한국에서도 유명합니다. 지혜로운 사람, 천재의 대명사를 일컬어 '제갈XX' 'X갈량'이라고 부를 정도에요.

그런데 제갈량은 사실 가짜뉴스의 달인이었어요. 천재 지략가 제갈량이 가짜뉴스나 퍼트리는 사람이었다고? 믿기 힘들지만 사실입니다. 물론 제갈량이 살던 시대에는 뉴스라는 게 존재하지 않았지만, 제갈량이 적을 속이고 여론을 흔들기 위해 사용한 방법들은 오늘날의 가짜뉴스와 크게 다르지 않았습니다.

법칙1. 진실과 거짓을 뒤섞어라!

제갈량이 유비의 참모가 된 이후 가장 중요한 과제는 옆 동네 군주 손권과 동맹을 맺는 것이었습니다. 중국 영토의 대부분을 차지한 조조는 호시탐탐 형주 땅의 남쪽 강하에 머무른 유비, 장강 아래 땅인 '오'를 지배한 손권의 땅을 빼앗으려 했거든요. 조조의 강력한 군대에 맞서려면 힘이 약한 유비와 손권이 힘을 합쳐야 했어요.

조조의 군대가 남쪽으로 내려오자 제갈량이 오와 동맹을 맺기 위해 찾아갔어요. 오는 조조와 한판 붙자는 '주전파'와 항복하자는 '주화파'로 나뉘어 싸우고 있었죠. 최종 결정을 앞두고 손권은 부하인 주유의 의견을 물었어요. 주유는 오의 군대를 총괄하던, 지금으로 치면 국방부 장관이었거든요. 주유는 제갈량을 불러 의견을 물어요.

제갈량은 조조가 아들 조식에게 짓게 한 동작대부라는 시를 들려줬어요. "이교를 동남에서 끌어와 함께 즐기리라." 제갈량은 여기서 '이교'가 오에 살고있는 미녀 대교와 소교 자매를 일컫는 말이니, 이들만 조조에게 바치면 모두가 살 수 있다고 말해요. 그 순간 주유의 얼굴이 새빨개졌어요. 소교는 주유의 부인이었고 대교는 손권의 형 손책의 부인이었거든요. 분노한 주유는 "조조와는 같은 하늘을 지고 살 수 없다"고 선언합니다.

그런데 제갈량의 이 말, 가짜에요. 여기서 가짜뉴스의 첫 번째 법칙이 등장합니다. 진실과 가짜를 뒤섞어라! 제갈량은 없는 시를 창조한 게 아니에요. 동작대부라는 시가 있고, 시에 '이교'라는 단어가 있는 것도 사실이에요. 하지만 그 이교는 대교와 소교 자매를 일컫는 게 아니라, '두 개의 다리'(二橋)라는 뜻이었어요. '다리 두 개를 놓고 놀고 싶다'는 뜻이었는데, 음이 같은 다른 한자로 바꿔치기해 주유를 속인 것이지요.

또, 조조는 전쟁에서 승리한 뒤 유부녀들을 자신의 처나 첩으로 삼는 것으로 유명했어요. 주유는 조조의 행실을 알고 있었기에 제갈량의 가짜뉴스를 믿었어요. 이처럼 널리 퍼지는 가짜뉴스란 '진실을 담은 거짓'을 기반으로 해요.

법칙2. '믿을 만한 형식'으로 속여라!

유비와 손권은 조조를 함께 물리치고 난 뒤, 형주 땅을 누가 차지할지 경쟁했습니다. 조조의 동생 조인이 형주의 중요한 거점인 남군성을 지키고 있었고 주유는 힘겹게 조인을 물리쳤어요. 하지만 남군에 가자 이미 유비의 군대가 먼저 와 있었어요. 주유가 조인과 싸우는 사이 몰래 남군을 점령해버린 거죠.

주유가 포기하고 다른 성으로 향하는데, 이미 다 유비 군이 점령한 거에요. 조조 부하들이 지키고 있었는데 어떻게 된 거지? 알고 보니 제갈량이 남군을 점령한 뒤 성에 있던 조인의 도장으로 공문서를 위조했어요. "남군이 위험하니 도와달라!" 가짜 공문서를 받은 형주성, 양양성에서 군대를 이끌고 성을 비웠고 빈 성을 유비 군이 점령해버린 거죠.

조조의 부하들은 왜 제갈량의 편지를 믿었을까요? 조인의 도장 때문이죠. 여러분, 기사 형식을 빌려서 만들어진 가짜뉴스 본 적 있나요? 권위 있는 외국 학자의 말을 빌린 가짜뉴스도 있죠. 사람들이 믿을 만한 형식을 갖춘다! 가짜뉴스의 두 번째 법칙이에요.

법칙3. 믿고 싶어하는 사람들의 마음을 이용하라!

가짜뉴스에 대해 말할 때 흔히 '확증편향'을 경계하라는 말을 많이 합니다. 확증편향이란, 믿고 싶은 정보만 믿는 현상을 말해요. 제갈량은 이러한 확증편향을 이용해서 위나라 최고의 지략가, 사마의를 몰아내는 데 성공했어요.

제갈량은 위나라의 주요 도시인 허창과 업에 부하들을 몰래 보내서 유언비어를 퍼트렸어요. 사마의가 반역을 꾀한다는 내용이었죠. 사마의 명의로 조씨의 위나라를 무너뜨리겠다는 가짜 대자보를 곳곳에 붙였어요. 결국 위나라 황제였던 조예(조조의 손자)는 사마의의 관직을 박탈하고 시골로 보내버려요.

참 바보 같죠? 적이 퍼트린 소문만 믿고 똑똑한 사람을 자르다니? 다 이유가 있습니다. 당시 조조의 후손들은 사마의를 경계하고 있었어요. 조조는 사마의의 재능을 경계해 "그에게 병권을 맡기지 마라"라는 유언도 남겼죠. 능력이 뛰어난 사마의가 조씨일가를 밀어낼까 두려워 한 거에요. 자신들의 두려움에 부합하는 소문이 들리자 '옳다구나!' 싶었을 거에요.

오늘날 정치 관련 가짜뉴스가 퍼지는 원리가 대부분 이런 식이에요. 내가 싫어하는 정치인이 실수했다는 기사를 보면 앞뒤 안 가리고 "이놈이 그럴 줄 알았어!"라고 생각하게 되죠. 제갈량은 조씨일가와 사마의의 갈등을 알고 있었던 거에요. 가짜뉴스의 세 번째 법칙! 가짜뉴스는 믿고 싶어하는 사람들의 마음을 건드리면서 퍼져 나가요.

강유, 제갈량의 가짜뉴스를 간파하다

사마의를 몰아낸 제갈량은 승승장구했어요. 위나라 군을 이끌던 하후무를 사로잡고 하후무가 있던 남안성까지 점령했어요. 제갈량은 하후무를 이용해 남안성 근처에 있던 천수성까지 점령하려는 계획을 세웠습니다. 무슨 방법으로? 또 가짜뉴스로!

부하인 배서를 위나라 병사로 위장해서 천수성에 보냈어요. 배서는 남안성이 적군에 둘러 쌓여 있어서 하후무 장군이 위험하니 구해달라고 천수성 태수 마준에게 말해요. 깜짝 놀란 마준이 군대를 보내려는데, 마준의 부하였던 강유가 나서서 반대합니다.

"제갈량이 남안성을 포위하고 있다는데, 저 장수는 어떻게 그 포위를 뚫고 올 수 있었을까요? 또 빠져나왔다면 대단한 장수일 텐데, 배서라는 이름은 들어본 적이 없습니다!"

강유는 뉴스를 믿지 않고, 출처와 맥락을 살펴 신뢰할 만한 뉴스인지 검증한 것이죠. 강유는 이 계략을 역으로 이용해 제갈량에게 패배를 안겨줬어요.

강유가 한 일은 오늘날로 치면, 가짜뉴스를 발견했을 때 매체와 기자 이름을 검색하고, 다른 언론에도 관련 뉴스가 떴는지 검색해본 것과 다르지 않습니다. 누구나 할 수 있는 간단한 방법이었지만 가짜뉴스를 간파해낼 수 있었어요. 오늘날에도 통용되는 가짜뉴스 법칙들. 이제 여러분들도 간파할 수 있겠죠? 끝

* 위 내용은 『삼국지연의』에 나온 에피소드를 기반으로 하였습니다.

본인 혹은 가족, 친구들이 가짜뉴스에 속은 적이 있나요? 왜 속았을까요?

제갈량처럼 '적'을 이기려고 가짜뉴스를 퍼트리는 것이 정당하다고 말할 수 있을까요?

'확증편향'을 경험해 본 적이 있나요?

fAKE
news

역사를 바꾼 가짜뉴스

조선판 딥페이크, '벌레지능' 가짜뉴스로 개혁을 멈추다

글 조윤호 주니어미디어오늘 편집장

딥페이크(deep fake)라는 말을 들어봤나요? 인공지능을 사용해 가짜영상을 만들어내는 기술을 뜻해요. 이 기술로 연예인이나 유명인들이 하지도 않은 말을 하는 것처럼 조작하는 것이 가능한데, 어찌나 정교한지 가짜인지 아닌지 구분이 거의 불가능하다고 해요. 누군가가 이 기술로 가짜뉴스를 만들어 나를 음해한다면, 정말 끔찍한 일이겠죠?

인공지능은커녕 컴퓨터도 없던 몇백 년 전에도, 누군가를 음해하기 위해 기술을 이용해 가짜뉴스를 만든 사례가 있습니다. 조선 중종 때 '벌레지능'을 이용해 가짜뉴스를 만든 주초위왕 사건이 대표적입니다.

조선 중종 14년(1519년), 궁궐에 기이한 일이 벌어졌습니다. 대궐 뜰에 있던 한 나무에서 벌레가 갉아먹은 나뭇잎이 발견됐는데, 신기하게도 벌레가 갉아먹은 흔적이 '주초위왕'(走肖爲王)이란 한자 글씨로 남아 있었던 거에요.

이 나뭇잎 한 장 때문에 조정이 발칵 뒤집혔어요. 한자 주(走)와 초(肖)를 합치면 조(趙)가 되므로 주초위왕(走肖爲王)은 '조씨가 왕이 된다'는 뜻이에요. 당시 모든 사람들이 막강한 실권을 가지고 개혁을 추진하던 30대의 젊은 정치가, 조광조를 떠올렸어요.

조광조는 중종의 신임을 받아 조정에 등장한 신예 정치가였어요. 중종의 신임이 얼마나 강했는지 조광조는 중종 10년에 말단인 종6품으로 관직을 시작해 3년 만에 사헌부 대사헌이 됐어요. 오늘날이라면, 9급 공무원이 3년 만에 행정안전부 장관이 된 거에요. 조광조의 승진 속도는 조선 역사상 전례가 없는 '역대급'이었죠.

중종이 조광조를 밀어준 이유가 있어요. 중종은 조선 시대 대표적인 폭군으로 알려진 연산군이 신하들에 의해 쫓겨나면서 옹립된 왕이에요. 1506년 9월 2일 벌어진 이 사건을 '중종반정'이라 불러요. 신하들에 의해 세워진 왕이니 왕권이 매우 약했고 반정을 주도한 이른바 '훈구파' 소속 신하들이 모든 실권을 장악했죠.

이들을 견제하기 위해 중종이 등용한 사람이 조광조입니다. 조광조는 훈구파와 정치적으로 대립하는 '사림파' 출신이었어요. 조선에는 3사[1](홍문관·사헌부·사간원)라고 불리는 기관이 있었는데 중종 14년에 이르면 홍문관의 84%, 사헌부·사간원의 60% 이상이 사림파로 채워졌다고 해요. 그리고 사헌부에서 가장 높은 자리를 차지한 사람이 조광조였죠. 왕의 지지를 받고, 지지세력까지 생긴 조광조는 개혁을 밀어붙였습니다. 대표적인 개혁이 토지를 모두 국유화해서 농민들에게 균등하게 나누어주는 균전법을 도입한 것이에요. 토지를 독점하고 있던 훈구파 대신들의 밥그릇을 빼앗은, 굉장히 급진적인 개혁이었어요,

그러던 중 결정적인 사건이 벌어져요. 당시에 중종반정에 참여했다는 이유로 각종 특권을 누리던 117명의 '공신' 집단이 있었어요. 이들은 나라로부터 땅과 귀금속을 하사받은 것은 물론 범죄를 저질러도 죄를 감면해주고, 심지어 벼슬을 자식들이 세습할 수 있었어요. 문제는 가짜 공신들이 많았다는 거였죠. 117명 중 상당수가 공신들에게 뇌물을 주고 자기 이름을 올렸거든요. 심지어 연산군이 아끼던 관리까지 공신 명단에 있었다고 해요.

조광조는 철저히 조사해서 가짜공신들을 몰아내자고 했어요. 오늘날 말로 '적폐청산'이죠. 중종은 난처했어요. 자신을 왕으로 만든 공신 중 대다수가 가짜라는 말이니, 자신의 정당성이 흔들릴 수 있었거든요. 하지만 조광조의 실권이 막강했고, 반대할 명분이 없었어요. 결국 조광조는 가짜공신 76명을 찾아내 특권을 박탈하고, 공신 명단에서 삭제해버려요.

중종은 불안해지기 시작합니다. 훈구파를 견제하러 조광조를 데려왔는데, 이제 조광조가 막강한 권력자가 되어버렸잖아요. 궁지에 몰린 훈구파는 반격을 시도해요. 궁녀들을 매

---

1 사헌부는 조선시대 관리에 대한 감찰과 탄핵 업무를, 사간원은 각종 국정현안을 자문하는 역할, 홍문관은 왕과 신하들의 토론의 장인 경연을 주관하고 왕의 학문과 정치에 대해 자문하는 역할을 맡았다. 언론 기능을 수행하였기에 '언론삼사'라고도 부른다.

수해서 궁궐에 있던 나뭇잎에 꿀을 발라 '주초위왕'이란 글자를 쓰게 하죠. 벌레들이 그걸 갉아먹자[2], 훈구파 대신 홍경주의 딸 희빈 홍씨가 중종에게 보여줬어요. 불안해하던 중종의 마음에 기름을 부은 거죠.

만약 나뭇잎 없이 '조씨가 왕이 된다'는 입소문이 돌거나 벽서가 붙었다면 어땠을까요? 누군가가 조광조를 모함한다며 역풍이 일었을 지 몰라요. 하지만 벌레가 갉아먹은 글자가 나오자 '하늘의 뜻'처럼 보이겠죠? '딥페이크 가짜뉴스'도 마찬가지에요. 우리는 사진이나 영상이 첨부되면 진짜라고 믿을 가능성이 높죠. 하지만 사실은 제작자가 기술을 이용해 티 안 나게 만든 조작인 거에요.

주초위왕 사건 이후 3일 뒤, 중종은 은밀히 조광조에 대한 체포령을 내려요. 집에 병사들이 들이닥치고, 조광조는 유배를 떠나요. 약 한 달 뒤, 38세의 나이로 왕의 사약을 받고 죽음을 맞이하죠. 사림파 대부분이 숙청당하며 이 사건은 역사에 '기묘사화(己卯士禍:기묘년에 사림파가 화를 입다)'라고 기록되었어요. 주초위왕이 우리에게 알려주는 것은 '하늘의 뜻'처럼 보이던 나뭇잎 속 글자 역시 사실 정치적 의도가 듬뿍 담긴 조작물이었다는 것이에요. 우리가 객관적인 증거라 생각했던 영상, 사진도 어쩌면 그런 종류의 가짜뉴스일지 몰라요. 주미

참고자료

채화영, 『어린이가 알아야 할 가짜 뉴스와 미디어 리터러시』, 원피스(2020)

KBS 역사저널 그날, "조광조, 그의 개혁은 실패했나" 유튜브, 2020.4.26.

조선일보 신문은선생님 팀, 『뉴스 속의 한국사』, 파랑새(2019)

---

2 이 주초위왕 사건이 실제로는 벌레가 갉아먹은 게 아니라는 반박도 있다. 과학자들이 꿀을 바르고 여러 차례 실험을 해봤는데, 벌레가 꿀을 따라 나뭇잎을 갉아먹지 않았는다는 이유 때문이다.

CT
FAKEN

퀴즈로 정리하는 주니어미오 총정리 복습!

다음 퍼즐에 알맞은 단어를 써보세요. 생각이 안 난다면 다시 앞으로!

부모님, 친구들과 함께 풀어봐도 좋겠죠?

1			2		3		4		
						5			
						6			
7	8								
						9		10	
	11								
12		13			14				
					15				
	16								
				17					
18	19					20			
					21				

가로열쇠

1 연예인 유튜버들이 올린 OOOO 리뷰 콘텐츠에 광고가 숨어있단 사실이 드러나면서 '뒷광고' 논란이 불거졌어요.

3 조선 중종 14년, OOOO이라는 한자 글씨가 쓰인 나뭇잎이 발견돼 조정이 뒤집혔어요.

5 기자들이 누군가를 하염없이 기다리며 대기하는 취재방식을 OOO라고 불러요.

6 방탄소년단이 한국 가수 최초로 미국 OOO 싱글 차트 핫100 1위에 오르자 병역특례가 필요하다는 주장이 등장했어요.

7 OO이란 온라인을 통한 집단행동을 뜻하는 말이에요.

9 아이패드나 스마트폰마다 OOOO의 방법이 달라요. 기업들이 판매할 때부터 그 방법을 안내해줘야 해요.

11 정부는 코로나19 대응책의 일환인 사회적 OOOO를 2단계에서 1단계로 완화했어요.

12 언론 기사의 전반적인 흐름을 보고 싶으면 OOOO 사이트에 접속해서 검색하면 돼요.

15 추미애 법무부장관은 아파트 앞에서 자신의 출근길을 취재하는 사진기자의 얼굴을 찍어 OOOO에 올렸다가 논란이 됐어요.

16 식당에 찾아가서 맛집이라고 소개해주는 대가로 공짜로 밥을 달라고 하는 블로거들을 블로OO라 불러요.

17 유튜브에서 OOO 모드를 켜면 유튜브는 검색 정보 수집을 일시 중단해요.

18 가짜뉴스가 워낙 많다보니 팩트를 찾아내고 검증하는 OOOO가 매우 중요해졌어요.

21 유튜브 콘텐츠를 만들 때 돈을 받고 제품이나 브랜드를 홍보하면서 광고임을 알리지 않는 콘텐츠를 OOO라고 해요.

세로열쇠

2 노동자가 일터에서 죽거나 부상을 당하는 사고를 OOOO라고 불러요.

3 우리 매체의 이름이에요. OOO미디어오늘

4 구글은 우리가 어디에 있는지 나타내는 OOOO를 갖고 있어요.

8 OOOO위원회는 뒷광고 문제에 대응하기 위해 새로운 지침을 시행했어요.

9 중국의 지략가 제갈량이 적을 속이고 여론을 흔들기 위해 사용한 방법들은 오늘날 OOOO와 크게 다르지 않았어요.

10 OO은 원래 공직에 있는 사람으로 주로 고위 공무원을 뜻하는 말이에요. 대형 언론사 사장과 같이 사회적 책무를 가진 사람도 포함돼요.

13 청각장애를 가진 사람도 OOOO을 이용해 작곡을 할 수 있어요. OOOO의 사용법보다 중요한 건 OOOO이 완벽하지 않다는 점을 이해하는 것이에요.

14 OOOO 기술을 사용하면 내가 하지도 않은 말을 한 것처럼 쉽게 영상을 조작할 수 있어요.

19 OOOO는 방송사 프로그램에서 선정한 맛집이 알고 보니 식당으로부터 돈을 받고 만든 광고였다는 사실을 폭로하는 내용의 다큐멘터리에요.

20 OOO는 조선 중종 때 개혁을 펼쳤던 정치가에요. 가짜뉴스에 당해 유배를 떠났어요.

정답은 주니어미오 홈페이지에서 확인하세요!
nextliteracy.kr

리터러시, 나쁜 뉴스 해독제

초판 1쇄 2020년 12월 11일 찍음
초판 1쇄 2020년 12월 18일 펴냄

지은이 주니어미디어오늘
펴낸이 강준우
기획·편집 미디어오늘
디자인 미디어오늘
마케팅 이태준
관리 최수향
인쇄·제본 SJC성전

펴낸곳 인물과사상사
출판등록 제17-204호 1998년 3월 11일

주소 04037 서울시 마포구 양화로7길 6-16 서교제일빌딩 3층
전화 02-325-6364
팩스 02-474-1413

www.inmul.co.kr | insa@inmul.co.kr

ISBN 978-89-5906-594-3 03300

값 12,000원

이 도서의 국립중앙도서관 출판예정도서목록(CIP)은 서지정보유통지원시스템 홈페이지 (http://seoji.nl.go.kr)와
국가자료공동목록시스템(http://www.nl.go.kr/kolisnet)에서 이용하실 수 있습니다. (CIP제어번호: CIP2020049043)